利益を最大化する

価格決定
戦略

長期的に利益を
上げ続けるための
価格マネジメント
戦略

学習院大学経済学部 経営学科教授 **上田隆穂**著

小手先の価格操縦で顧客離れを起こす前に

納得感を持ってもらえるダイナミック・プライシング
業態に最適な「放題」を考えるサブスクリプションの正解
「高くても買う」人々、「高くないと買わない」人々
なぜ登山後のビールに800円かかっても惜しくないのか
主導権を持たずに価格は決定できない
利益を拡大する価格戦略
中間流通価格の形成と対応
ネット通販のインパクト

はじめに

―――――――― 改訂版を出すに当たって

　はじめまして、読者の皆さん。学習院大学でマーケティングを担当している上田隆穂といいます。本書は、価格に関するお話をまとめたものです。内容は、従来の価格の書籍と違ってずいぶん広い範囲にわたっています。でも広いといっても実際に必要な、また使えそうな範囲に絞っていますので、価格を考える場合には、きっとお役に立つはずです。

　この本であつかう「価格」は、いわゆる経済学の「価格」の内容ではありません。「マーケティング」の「価格」に関する内容になっています。決して経済学を否定するものではなくて、実際にマーケティングを行う上で、「使える」ことを意識しているのです。

　たとえば、「もっと高い価格でもいい」という消費者はどういう人なのか、どう探せばいいのかとか、同じ商品でも「もっと高く支払ってもいい」というような状況はどんな状況なのか……こういうことを知っているのと知らないのとでは天と地ほどの差が生じるということなのです。

　また価格戦略について多くのページを割いていますが、価格に関する消費者の心理や具体的に価格をいくらと決めるかの手法についても説明しています。具体的な価格の決め方について、この中でお話ししていることを読者の皆さんがすべてできるようになるとはいえないのですが、簡単に実行できるやり方もいくつか示しています。商品を改良して新たに売り出したのだけど、いくらにしたらいいか調査をする時間も予算もないときには、どうやって決めたらいいのか。多少の予算はあるからインター

ネットですぐに調査したいときにはどうすればよいのかなどを説明しました。是非、この本で価格の考え方の基礎を学んで、そして実際に使える道具は使っていただければと考えています。

「価格」に関する本は、1995年以来7冊くらい出していますが、本書の特徴は「徹底したわかりやすさ」を追求している点です。最初の方に書いた「価格」の書籍は、難しいといわれたことから、どうすればわかりやすいかを考えて書きましたが、それでも難しく感じる部分は残ったかもしれません。特にマーケティング領域に属することは時代とともに変化が激しく、この価格領域においても例外ではありません。新しいことはまだまだ知識が一般に普及していないため、易しく書くということ自体が難しいのですが、極力楽に理解できるように心がけました。

「難しい」というのは何だろうと考えると、これは読者、聞き手の予備知識をどのくらいと考えているかによって決まると思います。その予備知識を占める大半が専門用語ということになります。筆者も経験がたくさんありますが、専門外の説明を聞くとき、専門用語がたくさん出てくると、とたんに理解が浅くなります。以前、パソコン室導入のコンペでいくつかのメーカーから説明を受けた際、そのうちの1社が技術者による説明で、話し言葉のすべてが技術専門用語で、何がいいたいのかさっぱりわからなかったこともありました。

　このような点を踏まえ、本書では、なるべく専門用語を避け、必要最小限に留めてあります。どうしても知識として出した方がいいと思われる用語は、説明をつけておきました。

　読まれるときは、ご自分の仕事(をされている場合は、ですが)に当てはめながら、お読みいただくと理解が深くなると思います。

【改訂版を出すに当たって】

　本書の初版は2005年に出たのですが、そこから十数年は新しい価格概念は出ませんでした。本文中でもお話ししますが、普遍的な考え方は色褪せないものです。しかし改訂に当たって、古くなった事例や、よりわかりやすい事例がある場合にはそちらに差し替え、それほど重要性が高くない部分は削除し、新たに必要だと感じた領域には別の価格の考え方を追加しました。

　そして、ここ5年間で価格領域においても非常に大きな変化が起こりました。それがダイナミック・プライシングとサブスクリプションの部分です。詳しくは本編で述べますが、ダイナミック・プライシングは、企業の背に腹は代えられない、より先鋭的な利益の追求、それも割と短期的な視点の結果生まれたものであり、逆にサブスクリプションは顧客との関係性強化による長期的な利益追求の結果生まれたプライシングといえます。この両者が同時期に台頭してきたことは非常に興味深く、特筆すべきことでしょう。

　この両者はまだまだ実務先行、理論は後追いという過程にありますが、すぐにハイブリッド化が進み、精緻なプライシングへと生まれ変わるのではと感じています。改訂版ではこの2つのプライシングの説明に多く紙面を割きました。

　今後、価格のマネジメントは、利益面でますます重要となり、これらの領域の変化も目が離せなくなるでしょう。

　今回も本書の制作に当たっては、初版のときにも担当してくださった編集者の藤田知子さんには大変お世話になりました。特に、本書の理解を容易にするための挿絵のアイデアなどふんだんに出して、楽しさの演出をたくさんしていただき、とてもありがたく思っております。

Part4 利益を拡大する価格マネジメント❶

Part5　利益を拡大する価格マネジメント❷

Part8 中間流通価格の形成

Part9 具体的な価格の決め方

カバーデザイン ：末吉喜美
本文イラスト ：パント大吉

Part0

「価格」は
マネジメントの時代へ

AI 時代に利益を最大化するには

00 価格の歴史

経済の動きに応じてプライシングのベースの動きも変わっていく

ホントにあったんですかネ
そんな時代…

安売
50% OFF

景気と価格の深い関係

　価格の歴史、といっても大昔からの話ではなく、ここ数十年の話をします。まず、歴史的な経済の動きを見てみましょう。右ページの図0-1を見てください。

　プライシングを検討するための条件は、1990年以前はいささか単純でした。しかし、ここ数十年の日本を振り返ると、度重なる経済不況・出来事により**複雑化**してきているようです。しかも、その**サイクルは見事**、どんどん短くなってきています。図の下の方にある両矢印が示す各時代の長さを見るとよくわかりますね。

◆高くても売れた時代

　この図で製造業に着目すると、1973年以前は売上高営業利益率も平均

7％を維持していました。1960年から1973年くらいまでは技術革新の時代でもあり、たとえば電器製品販売店の説明と推奨を消費者が重要視したため、電気製品に代表されるように**高くても売れた時代**でした。製造業にとってはいい時代であったといえるでしょう。

◆技術成熟化の時代

　しかしながら、1973年のオイルショックに端を発して、一転、利益率は低下していきます。きっかけはオイルショックによりエネルギーコストが大きく跳ね上がったことからの大きな不況ですが、このオイルショック以降、1990年くらいまで利益率は低下して、平均4％台となりました。ただしこの間は後半でバブル経済を迎え、世の中は太っ腹な支出傾向となり、企業もそれほど**低価格化の必要はありません**でした。

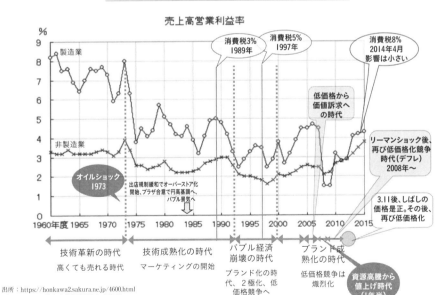

図0-1　日本企業の売上高営業利益率の長期推移と価格

出所：https://honkawa2.sakura.ne.jp/4600.html
（原データは、法人企業統計調査）を改変

◆ブランドと低価格の時代

　ただ、1989年に**消費税**3％の導入が初めてあり、何ということか、あまりにもタイミングが悪いのですが、重なるように1991年のバブル経済崩壊が起こり、ここから製造業の利益率は一気に2％台に落ち込みました。消費税導入のタイミングとしては最悪でしたね。消費税とバブル経済の崩壊で、消費税3％と同等分がそっくり利益率の低下となりました。この景気低迷の時代にはやはり高く売ることは難しく、**プライシングも低い方で**行われていました。

◆低価格競争の時代

　このバブル経済崩壊から、企業努力等により、景気は次第に持ち直しましたが、1997年に消費税は5％に上げられ、今度は上げ幅2％の半分の落ち込みで踏みとどまったものの、再び2％台に製造業の利益率は落ち込んだのです。それでも2000年あたりから利益率は再び4％台にまで回復したのは立派ですね。**プライシングも厳しい時代**が続くことになりました。

　1990年あたりには、アメリカ発祥のブランドルネッサンスともいえる動きで、その面白さに魅せられた日本の研究者とバブル経済の崩壊で仕事が減った広告代理店の新たなチャンス探しとして**ブランドブーム**※ が起こりました。このブランドブームには価格低下を防ぐ目的ももちろんありました。

　このブームはしばらく続きましたが、何でも成熟化は起こるものです。ブランドにも成熟化が起こり、低価格競争は小売企業主導でますます熾烈になっていきました。

※これ以前はブランドがそれほど重視されていませんでしたが、これ以降、ブランドの仕組みが重視され、多くのブランド化が行われました。

◆価格是正の動き

　しかしながら、低価格化で値引き合戦があまりに続くと、小売企業も
メーカーも疲弊して嫌になり、何とか是正しようという大きな動きが出
るもので、やはりそうした流れが出てきました。価格水準を低価格化競
争以前の水準に戻すために、価値訴求へと向かうようになったのです。

　この**価格是正**(元の価格に戻る)の動きが2004年、2005年あたりでした。た
とえばカゴメ株式会社の主力製品「野菜生活」の価格是正事例などが有名
です。170円ぐらいまで落ちた900㎖の価格を220〜30円に全社一丸と
なって販売促進費を抑えることなどにより、頑張って戻しました。

◆資源高騰とつかの間の値上げ時代

　この後2006〜2007年頃から、原油や小麦など1年半ほど続く資源高騰
時代を迎えることになります。この時代には川上(製造業)での資源価格高
騰と川下(小売業)でのデフレがあり、メーカーはコスト的にとても苦しむ時
代となってしまいましたが、価格水準を上げざるを得なかったのです。

◆リーマンショックと低価格競争の激化

　それでもたゆまぬ企業努力で利益率は4％台を維持していましたが、
2008年9月に恐ろしい事態が日本経済を襲います。それがリーマンショッ
クです。これによって日本経済も極端な不景気を迎え、これを契機に価
格是正の動きはやみ、再び低価格競争が激化し、企業は利益を減少させ
ていき、1％台に落ち込んでしまいました。かなり厳しい経済環境ですね。

◆東日本大震災と価格是正

　しかし、まだこれでは終わらなかったのです。次がありました。

　それが2011年の東日本大震災、いわゆる3.11だったのです。全く「神
も仏もない」とはこのことかもしれません。

ですが、この震災の結果、モノ不足が起こり、商品の「モノとしての存在価値」が見直され、純粋に需要と供給の関係が作用したのです。在庫としての商品の価値が再評価され、家庭内備蓄の積み上げが起こり、需要が供給を上回ったのです。そのため、価格是正が一般的となり、なんと製造業に追い風となりました。多くの小売店でも値下げ競争は激減し、かなりのスーパーマーケットが利益改善を達成できたのです。

◆ふたたび低価格競争の時代

　しかしながら、この傾向が続いたのは、わずか半年から１年未満であり、再び供給が回復し、商品が市場に十分に行き渡るようになり、消費者はほどなく元の敏感な価格感度に戻っていきました。やはりこういう降って湧いた事態は長続きしないものですね。

　「喉元過ぎれば熱さを忘れる」とはよく言ったもので、ここでまた低価格競争の兆しが見え始めました。たとえばイオンは、「イオンの夏時間」と題して、朝７時に開店すると全国紙に広告を打ち、「最大1,000品目を値下げ」と値下げを強調するようになりました。大手小売業の武器は、何といっても低価格であることが多く、予想通りの展開だったかもしれません。

◆ with コロナ

　コロナ禍に揺れた2020年には、外食需要が低迷し、農産物をはじめ多くの価格が低下したのは皆さんもご存じの通りです。価格の変化はないかもしれませんが、皆がマスクをし、手洗い、うがいをするため風邪を引く人が減り風邪薬が売れなくなったのは予想外なことでしたね。これらの価格動向を見ると、プライシングのベースはマクロ経済動向に左右され、コストと消費者の支出意欲でだいたいの価格が決まってきます。

　この消費者の価格感度に反応し、メーカーや小売は低価格のプライシングで低利益・大量販売を行うか、付加価値を高め、高利益・少量販売を

行うことにより利益額を確保するかとなっています。このようにここ数十年を振り返ると意思決定の元となる経済動向があまりにも激しく、しかも近年は短いサイクルで揺れ動いているため、企業はプライシングにいつも悩んでいるわけです。

◆サブスクリプションとダイナミック・プライシング

　最近ではまた新しい動きがプライシングでは見られます。昔からその原型はありましたが、定額料金という**サブスクリプション**、そして時価を意味する**ダイナミック・プライシング**が注目を浴びています。

　サブスクリプションは消費者の感情を刺激して安心感を与える価格戦略であり、「食べ放題飲み放題4,000円」といった飲食店の価格戦略に代表されます。ダイナミック・プライシングはAIの登場がその土台となっており、消費者の支払ってもよい価格WTP（Willingness to pay）をタイミングと、時には消費者ごとに探り、利益を最大化する方法です。アパホテルの料金体系が代表ですね。

　これらの価格戦略が同時に最近出てきたのは興味深いことですが、こうした動きも過渡期なのかもしれません。いずれこれらのハイブリッド・バージョン、つまりサブスクリプションをタイミングに応じて、そして個人に応じて変化させる価格戦略も出てくるでしょうね。この両者については また章を改めて語ることにしましょう。

Part **1**

「価格」と心理

高くても買う人、高くないと買わない人

01 高くても買う人とは誰なのか

価値に重点を置くロイヤル顧客

　価格に敏感でなく、高くても厭わず商品・サービスに進んで支払ってくれる人々とは誰なのでしょうか。皆さんの周りにもいますよね？

　もしそういうお客さんばかりならば、メーカーは安泰だし、店舗側も特売などを行わないで順調に利益を確保していけるわけです。特に消費者の性格を考えてみますと、特売が大好きな**バーゲンハンター**と特売にあまり関心を抱かない**優良顧客**がいます。そして一説によると店舗の利益の75％を支えているのは、全体の30％に満たない優良顧客だということです。

　店舗にせよメーカーにせよ、こういう優良顧客とはどんな人々なのか、そしてどうすればこういう人々を増やしていけるかを真剣に考える必要はないのでしょうか。利益を上げるためには当然ありますよね。ここでちょっとある企業の例を見てみましょう。

L.L.ビーン社の顧客満足への努力

　アメリカの企業で日本でもアウトドア製品で知られている1912年創業のL.L.ビーン社という会社があります。この企業は、当初から図1-1のような方針を掲示して顧客の当社に対して感じる価値を高める努力を行っています[1]。これは原文ですので、以下に日本語に訳したものを載せておきましょう。

　　　『我々の保証：あらゆる点において100％の満足を保証します。もし期待
　　　に沿わない場合には、いつでも返品してください。お取り替えするか、
　　　購入価格分を返金致します。L.L.ビーン社からは完全に満足できないも
　　　のは何も受け取ってもらいたくないのです。』

図1-1　L.L.ビーン社の使命

Guaranteed
You Have Our Word™

Our products are guaranteed to give 100% satisfaction in
every way. Return anything purchased from us at any time
if it proves otherwise. We do not want you to have anything
from L.L.Bean that is not completely satisfactory.

　出典：　http://www.llbean.com/customerService/aboutLLBean/guarantee.html

　なかなか徹底した方針ですよね。製品の不具合ではなくて、気に入らなければ返品は構いませんという、ここまで徹底した方針を打ち出している日本企業は、まだまだ少ないのではないでしょうか。外資で日本にやってきて、成功しているコストコも同様に「気に入らなければ返品OK」です。もちろんテレビ、プロジェクター、パソコン、カメラ、ビデオカメラ、タブレット端末等は90日以内という例外もあるのですが[2]。

※1　Bill Dodds（2003），MANAGING CUSTOMER VALUE, UNIVERSITY PRESS OF AMERICA, p.3.
※2　https://happybanana.info/?p=3516

◆ 90 足すべての靴の保証を実行

　L.L. ビーン社について、少し歴史的なことをお話ししましょう。創業した 1912 年の春に革張りの上に防水のゴムでカバーしたハンティング・シューズを 100 足販売しました。それには 100 ％満足の保証のタグを付けていましたが、どうしたことか 2、3 週間で靴は返品され始めました。結局、100 足中 90 足の靴が返品されましたが、それは靴をカバーしていたゴムが剥がれたからでした。この企業は 90 足すべての靴を取り替え、保証を実行して消費者の信頼を勝ち得、向上した商品の品質も加わり、ビジネスを軌道に乗せ、いまだより強力な保証を続けています。

　通常は、「そこまでやるか」と思われるほどですが、アメリカのデパートであるノード・ストロームも同様のことを実践しています。たとえば、だいぶん履いてしまった靴ですら苦情をいえば、交換してくれるそうです。アメリカでは徹底した顧客満足向上が重要視されています。

◆顧客が感じる「価値」を高める

　ではなぜこんなにも企業は顧客満足向上に努力しないといけないのでしょうか。それは**顧客が感じる価値**を高めるためです。つまり、企業が商品・サービスによる便益を顧客に提供していて、顧客は、その代金を支払うという形で企業に対価を支払っており、両者がお互いに「価値あり」と感じてはじめてこの交換するというバランスがとれるからです。顧客に比較的高い価格を支払ってもらおうとするためには、両者の交換のバランスがうまくとれるような交換価値をつくり出さなければならないのです。

　L.L. ビーン社の例では、素晴らしい企業ブランドおよび製品ブランドもをつくり出すことができ、満足したお客さん達は、ある程度価格が高くても、買い続ける人がたくさんいるのです。読者の皆さんもそういう経験はないでしょうか。

この事例に潜む本当に重要なことは？

もう少し掘り下げてみましょう。

この事例の中に込められている、企業にとって本当に重要なことは、企業は消費者にある3つの段階を進化してもらいたいということです。この3つの段階とは、**見込み客（Prospect）**、**顧客（Customer）**、**ロイヤル顧客（Client）**です。

◆見込み客

表1-1を見てください。この表の一番上にあるのは「見込み客」です。企業と消費者との関係が弱いとき、消費者は「見込み客」すなわち潜在顧客であり、まだ顧客になっていません。彼らの企業への評価はそれほど高くなく、したがって、この企業の商品・サービスに関する価格の感じ方（知覚）は「高すぎる」となることが多いのです。企業が商品・サービスを初めて提供するときには、この「見込み客」がほとんどなので、営業は非常に厳しくなるわけです。

表1-1 価値と価格の関係

購買者のタイプ	定　義	価格の知覚
見込み客 (Prospect)	潜在顧客	高過ぎる 競争製品の価格が安い 価格と価値の関係は好ましくない
顧　客 (Customer)	定期的に購買してくれる顧客	価格は受容可能である 価格は競争的である 価格と価値の関係は受容できる 競争者の価格と類似している
ロイヤル顧客 (Client)	相互に便益を与え合う企業の顧客	価格と価値の関係は素晴らしい 価格は完璧に受容できる 価格は重要ではない 価格は適正である

（出典:Monroe(1990), p.93 ）

◆顧客

　企業の相手である消費者が、「顧客」の段階に進むと、この価格の感じ方はだいぶん改善されてきます。でもまだ競争企業とそれほど変わりない立場の状態であり、競争企業が価格を下げると消費者はそちらの製品に乗り換えてしまいます。この段階では、まだまだ消費者は、進んで高い価格を支払ってまで商品・サービスを買ってくれません。だからまだ十分に利益貢献をしてくれる顧客にはなっていないのです。

◆ロイヤル顧客

　この関係が表の最下段にある最終段階の「ロイヤル顧客」に進むと消費者は当該企業にとり、熱心なファンという存在になり、「価格は適正であり、完璧に製品を受容できる」という状態となるのです。

　この段階の消費者が多くなれば、商品・サービスの受け取り価値を非常に大きく感じて、高くても喜んで支出してくれるわけですから、企業は、そのロイヤル顧客と相互に利益を与え合う存在となります。企業は、長期的に利益を確保しやすくなり、安定が保証されます。

ロイヤル顧客化を目指せ

　バッグのルイ・ヴィトンや腕時計のロレックス等のラグジュアリー・ブランドを持つ企業が、このようなロイヤル顧客をたくさん抱え、他の製造業より売上高利益率がずっと高いという実態を見れば、企業にとって表の下段へ向かって、いかにこの3段階を進んでもらうことが重要かということがわかりますね。

　またラグジュアリー・ブランドでなくても、身近な例としてチョコレートにおけるゴディバやブルガリ等も同様です。その装飾の美しさ、10個で1

万円を超すような価格の高さからして「身近なチョコレート」とはもう呼べないようです。この価格をものともせず、当該企業を支えるファンがいるのですね。バレンタインにこうしたチョコレートをもらえた男性は大いに感謝すべきでしょう。

　以上のように企業は、消費者をロイヤル顧客にできれば「高く売る」ことができるわけです。店舗にとってはどうでしょうか。このようなファンの多い品揃えをする一方、買いやすさ、快適性、清潔性などやはり店舗のファンをつくることにより、ロイヤル顧客はできるはずですね。

02

ロイヤル顧客を生み出す
こだわりの重要性
羅針盤となるアサエルの図

　前章で企業にとってロイヤル顧客の重要性は理解されたと思いますが、このロイヤル顧客はいかにして生み出すことができるのでしょうか。そんなことが可能なのでしょうか。

　実は可能なのです。

　この指針となるものに、アサエル(Assael)という人が描いた消費者の購買行動分類の図があります。これを早速活用してみることにします。

ロイヤル顧客の購買行動を分析する

　たとえば、牛乳といえば、スーパーでの目玉商品（英語でLoss Leaderといいます）に使われることが多く、乳業業界の方々にとっては残念なことに値崩れの代表選手のようになっています。そのため長い間、多くの酪農家や乳業メーカーの利益確保が難しく、非常に厳しい環境におかれています。その乳業メーカーが、"健康"をテーマにした価格を下げないプロモーショ

ンを打ったところ、売れ行き上々であったという話があります。これ以外でも、カルビーの野菜スナック類も同様に健康志向を前面に打ち出して非価格プロモーションを実施して健闘した例があります。

　価格プロモーションを行っても、値引き期間中のみ売上が伸びるものの、前倒しの購買が起こり、プロモーション期間が終われば売上は落ちることが多いのです。でも非価格プロモーションがうまくいけば、売上はプロモーション期間が終了してもそれほど落ちないようです。だから利益を考えて、うまく非価格プロモーションを工夫する必要があるわけですね。

　以上の例は、低価格で購買されることが習慣化してしまった商品も価格以外の要因で売れるという証明となります。

　また有機・低農薬野菜、無添加食品などの販売を手掛ける宅配業者である「らでぃっしゅぼーや」をご存じでしょうか[1]。『堆肥主体の土づくり、土壌消毒をしない、除草剤はまかない、基本的に反農薬である、つくった人も食べている』を遵守すべき『5つの原則』として安全性を謳い文句に人気を博しています[2]。

　筆者もこの「らでぃっしゅぼーや」の定期的な宅配サービスを頼んでいた頃がありましたが、ここの野菜は、通常のスーパーで販売されている野菜よりも高価格です。それに当初は旬の野菜が企業側のセレクトで段ボールに詰められてくるので、自分で野菜の種類をチョイスすることもできませんでした。今でいう「おまかせ野菜ボックス」ですね。このような問題もはらんでいる「らでぃっしゅぼーや」なのに、なぜ喜んで買う消費者が存在するのでしょうか。

　この謎を解く鍵は、次ページ・表2-1のアサエルの購買行動分類にあります。

※1　2018年10月、オイシックス・ラ・大地株式会社と経営統合し、サービスブランドとして運営
　　を継続している。
※2　出典：http://www.radishbo-ya.co.jp/service/index.html.

表2-1　アサエルの購買行動類型

		製品関与・購買関与	
		高関与	低関与
ブランド間知覚差異	知覚差異大	情報処理型	バラエティシーキング型
	知覚差異小	不協和解消型	習慣型

（出典：Assael(1987). *Consumer Behavior and Marketing Action* p.87)

アサエルの購買行動分類

　専門用語が多いですが、この表2-1を簡単に説明すると表のヨコ軸は、製品や購買に関する**こだわりや関心の強さ**（**関与**と呼びます）で2分類されており、左側が、関与が高く、右側が、関与が低いことを示しています。次に表のタテ軸は消費者がブランドに関してどれくらいの違いを認識できているか、その感じる違いの大きさ（**知覚差異**と呼びます）で2分類されています。この図の中には、習慣型、バラエティシーキング型、不協和解消型、情報処理型の各購買行動が書かれています。これらを説明しましょう。

(1) 習慣型購買行動

　消費者の製品やその購買に関する関心が低く、どのブランドも大差ないと考えるため、消費者は、製品に対するこだわりが小さくなります。そのため、いつも購買しているブランドか一番低価格の製品を選択するという購買行動を行います。

どれも変わりない

(2) バラエティシーキング型購買行動

※ H. Assael（1987）, Consumer Behavior and Marketing Action, Boston: Kent Publishing Co., p.87 を修正.

ここでも消費者の関心は高くないのですが、ブランド間の差が大きいと感じるため、**いろいろなブランドを買って試そうと**いう購買行動を起こします。どちらかといえば頻繁に購買する商品・サービスが多いようです。外食サービスなどが典型的な例でしょう。

(3) 不協和解消型購買行動

ここでは消費者の関心は高いのですが、購買時にどのブランドも同じに見え、購買後、自分の選択が正しかったのかと不安を感じるところです。したがって、消費者は広告などを見て不安を解消しようとします。このため、広告には「あなたの行った選択は正しかったのですよ」という不安を解消する要素を入れなければならないといわれています。知識の少ない場合の高額である家電品等に多いようですね。

(4) 情報処理型購買行動

さてこの購買類型は、4つの中では、一番複雑かもしれません。消費者の製品に対する関心が高く(つまり関与が高い)、こだわりがあり、ブランド間の差が大きく感じられる場合に当てはまります。ここでは、消費者は選択するのに時間を割いて、熟考することが多いのです。そのため、頭の中で情報をたっぷり処理するということで情報処理型購買行動と呼ばれているのです。また十分考えて選んで、いい結果だった場合には、ブランド・ロイヤルな消費者になることが多いため、この購買行動を**ブランド・ロイヤル型購買行動**とも呼んでいます。

この情報処理型購買行動に当てはまる場合には、当然、消費者の製品に関するこだわりが大きくなり、ある程度の支出を厭わなくなります。ここが理想のポジションといえるわけです。調べたり、考えたりして差がわかるような製品が多く、たとえばPCなどがいい例だろうと思います。もちろん食品でも当てはまります。

　このアサエルの図で考えれば、まさに前述の牛乳は、「どれを選んでもそう変わりはしない」と思われて知覚差異も小さく、習慣型購買行動に入っており、低価格商品が選ばれる傾向があります。これとは逆に、「らでぃっしゅぼーや」の場合には、「消費者の安全」というキーワードで、消費者の製品関与・購買関与であるこだわりを高めており、明確にブランド間の知覚差異、つまり通常のスーパーで売られている野菜との「違い」の認識をつくり出しています。それ故、「らでぃっしゅぼーや」の相対的な高価格が消費者に受け入れられているのです。1988年の設立当時には「5つの原則」として定めていましたが、現在はこれらを具体化した「RADIX基準」に受け継がれています。最近ではこの種のビジネスが増えてきていますね。

牛乳の例で考えてみる

　消費者が「情報処理型購買行動」型に移動できれば、ブランドの違いを
はっきり見分けられ、大きな関心を持って購買を検討してくれるので、
ある程度の高価格の支出を厭わなくなります。したがって、ポイントはい
かに消費者をこの購買行動をとるように仕向けていけるかということにな
ります。

　ここでは、理解を容易にするために、習慣型購買行動に属し、低価格
化が浸透している身近な牛乳を取り上げ、その価格を適正化する価格戦
略を考えてみましょう。牛乳はお嫌いではないといいのですが。

◆競争相手は

　まず業界全体では、たとえばお茶とかコーヒーとかポカリスエットとか
野菜ジュースなどの他の飲料を含んで、牛乳を超えた「飲料」という大き
なカテゴリーでの競争相手を考慮しなければなりません。「他の製品カテゴ
リーと比べて牛乳の方がずっといいですよ」と際立たせることにより、こ
だわりを高める努力をする必要があります。

　ここで次ページの図2-2を見てください。図中の左に向かう矢印が移
行の方向を示しています。近頃の健康志向に関する乳業業界の消費者に
対するアピールはまさにそれにあたります。このブランドを超えたマーケ
ティングを**ジェネリック・マーケティング**(Generic Marketing)と呼び、業界の協
会を中心にかなり重要視している分野だと考えてください。

　一方、個別企業の場合には、企業間競争を通じて、図中の上方向の移
行に努めなければなりません。この努力は通常かなり行われていますが、
ジェネリック・マーケティングと対比して**ブランド・マーケティング**と呼ん
で差し支えないでしょう。

　これらの努力の結果、提供商品・サービスが情報処理型購買行動の対象

となることにより、消費者はブランドロイヤルとなり、こだわりを感じるようになり、少々高い価格でも進んで負担してくれるようになるのです。

◆どこにウェイトを置けば移動してくれるのか

　図の矢印方向への具体的な移動手段つまり、関与を高め、ブランド知覚差をつくり出すことに関しては、ターゲットに応じて「安全性」「健康」「味」等のどの属性を重要だと感じているのかを調査して、どれに力を入れるのかといったバランスを検討して、より詳細にマーケティング戦略を考案する必要があります。つまり牛乳の「味」にウェイトを置けば、低温殺菌・ノンホモ化等を通じて以下のような消費者を増やしていくことになるでしょう。

表2-2　牛乳の情報処理型購買行動への移動

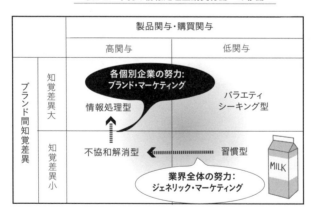

　『「パンには牛乳」「ビスケットにも牛乳」。私の毎日の生活に欠かせないのが牛乳である。日本にいたころも結構、牛乳にはこだわっている方で、「○○さんの農場の濃い牛乳」などがあると、１リットル２００円以上しても試しに買っていたくらい、牛乳には金を惜しまなかった。たかだか数十円である。「美味しい牛乳を朝食に飲めれば、一日のスタートはばら色」。だから、美味

しい牛乳がなければ、たとえ美味しいパンがあっても、そのパンはお預け。パンとジュースではパンの美味しさは半減すると信じていたからだ。さて、私がアメリカ生活を始めて、まっさきに探したもの。それは、もちろん「おいしい牛乳」。(http://www41.tok2.com/home/rikas/milk.html より)』

　また牛乳以外でも、あの有名な「関さば・関あじ」がこの例に当てはまります。これらをご存じでしょうか。びっくりするくらい美味しい魚です。今や高価格なのですが、ぜひ一度トライしてみてください。特に「関さば」は、まさに豊後水道の急流で獲れた「さば」を上述の「習慣型」から「情報処理型」購買行動へ消費者を移行させた好例といえるでしょう。

　通常ではそのまま刺身で食べない「さば」なのに「関さば」では刺身で食べられることを消費者にアピールすることにより、他の「さば」とのブランド知覚差を拡大できました。加えて、刺身の中でも「さば」の刺身の美味しさが口コミ等で次第に広がり、消費者の関与を高めることになったのでしょう。当地の「さば」のブランドに努力した佐賀関町漁業協同組合は称えられてよいでしょう[1]。

　最近の工夫では、やはり魚の例ですが、黄金フグの例があげられます。壱岐の売り物にならないウニを餌にまぜて養殖したために、背の色がうっすら金色になっているフグです。肉質もモチモチと弾力の強いフグになっており、人気メニューとなっています。これも大きな差別化で、差別化の分の価値を価格に転嫁できますね[2]。

---

[1]　詳しくは、上田隆穂編（2003）『ケースで学ぶ価格戦略・入門』第7章（小林哲著、有斐閣）をお読みください。
[2]　日経 MJ、2018 年 11 月 26 日号

03

5年待ちでも100万円出しても、ほしいバーキン

ブランド価値には階層がある

『数年前、ブランドブームの波に乗って「バーキン」の人気も急上昇しました。正規直営店でオーダーすると5年待ちはあたり前。インポートショップでは、定価（約80万円?）よりも高い価格（およそ99万円以上?）で販売されていることも珍しくはありませんでした。

それまで「バーキン」は、まだ一般的なバッグではなかったんです。本当にエルメスが好きな人だけが買う、あとは憧れとして見ているくらいだった。…（一部略）… でも最近では、テレビや雑誌などでも多く取り上げられるようになって、「バーキン」を目にする機会が増えました。その影響で、今まで興味のなかった人たちも「バーキン」に注目するようになり、見ているだけではなく、実際お金を出して買うようになりました。だんだん世間に「バーキン」が浸透してきたわけですね。』

(http://allabout.co.jp/fashion/brandrecycle/closeup/CU20040616A/)

　こんな記事が以前、インターネットに載っていました。すごく高いバッグですね。男性の筆者、特にブランドものに凝ることが少ない筆者から見ると何だか別世界の話のような気がします。でも女性が持っているハンドバッグを見ると、そういうものかと少しは信じられる気もします。

　ではなぜ、こういった高価格のものを買う人々がいるのでしょうか。その心理状態は一体どうなっているのでしょうか。

　これを理解する鍵は、**ブランド価値の階層構造**にあるのです。

ブランド価値の階層構造

　それでは商品・サービスの価値、いい換えればブランドの価値とは一体何でしょうか？

　ブランドには、段々に積み重なっていく階層性があるといわれています。そもそもブランドが強いアイデンティティを獲得するには、自ブランドの果たす機能が他のブランドとは「違うんだ」という意識を消費者に与えなければなりません。これが同じだったらどうしようもないわけですから。次にその品質・性能等で消費者が使ってみて「大丈夫だね。これ、いいね」という安心感を持ててはじめて消費者の信頼を獲得でき、最後に消費者から愛着を得て、その使用者との強い絆を築けるわけです。企業はそういうプロセスを実行していかなければならないのです。

　この過程は、ちょうど図3-1のようにブランド価値の階層構造に対応しているといわれます[※]。

※　田中洋（2002）『企業を高めるブランド戦略』講談社現代新書、p.189 と和田充夫（2002）『ブランド価値競争』同文舘出版、p.19 を併合・再構成しつつ作成。

◆商品・サービスの４つの価値

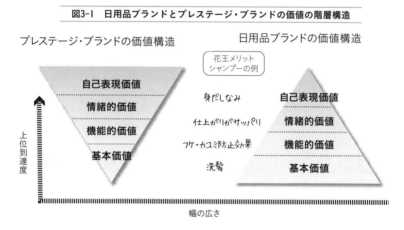

図3-1　日用品ブランドとプレステージ・ブランドの価値の階層構造

プレステージ・ブランドの価値構造　　　　日用品ブランドの価値構造

花王メリット
シャンプーの例

自己表現価値
情緒的価値
機能的価値
基本価値

身だしなみ
仕上がりがサッパリ
フケ・カユミ防止効果
洗髪

自己表現価値
情緒的価値
機能的価値
基本価値

上位到達度

幅の広さ

(出典:田中(2002),p.189と和田(2002),p.19.を併合、再構成しつつ作成)

　このブランド価値構造の図において花王のメリットシャンプーを例にとって説明してみましょう。

　まず**基本価値**は、そのブランドが持つ最も基本的役割の価値を意味しています。メリットであれば、基本価値は、「洗髪」です。**機能的価値**は、そのブランドが持つ<u>差別的役割</u>の優れた特徴であり、つまり「フケ・カユミ防止」です。また**情緒的価値**は、「使用後の爽快感・サッパリ感」という<u>使用者が使ってみて感じる感覚的価値</u>となります。最後の**自己表現価値**は、最も重要なものであり、最上位に位置する価値であり、「自分はこうだ」と表現してくれるもの、もっと詳しくいうと<u>「自分はこういうブランドを持つ階層に属するもの、こういう</u>

ブランドが主張する意味を実現しているもの」という意味づけをする価値
です。メリットシャンプーでは、「身だしなみ(自我防衛・自我高揚)」となります[1]。

　したがって、ブランドを強化して消費者の感じる価値を高めるには、
このブランド価値の階層構造にしっかり対応したブランドづくりとコミュ
ニケーションを実行しなければなりません。つまり消費者にロイヤル顧客
になってもらうための愛着獲得には、基本価値から自己表現価値までを
提供企業がしっかり築いておく必要があるのです。

◆三角形と逆三角形のわけ

　この図3-1には、**プレステージ・ブランド**(ステータスを感じさせるブランド)と日
用品ブランドの2つの価値構造がありますね。プレステージ・ブランドの方
は、価値構造の形として、図のように基本価値よりも自己表現価値の方
が大事であるため逆三角形をしています[2]。逆に日用品ブランドは、基本
価値が重視されるため通常の三角形となります。ヨコ軸は幅の広さを意
味し、広いほど、各段階の価値は大きくなります。
　まずはブランド価値がこのような階層構造を持っていることを理解して
いただくと、後の理解が簡単になります。

※1　陶山計介・梅本春夫(2000)、『日本型ブランド優位戦略』ダイヤモンド社、p.60.
※2　和田充夫(2002)『ブランド価値競争』同文舘出版、p.19.

４つの価値がどう重要なのか

　一般的にいいますと、この図の「各段階の価値がどの程度充実している
か」によって消費者が「いくらまでならば出してもいいか」という気持ちは
異なります。というのは、まず上位にある価値の充実度は、顧客との強
い結び付きを約束することになるからです。

　そもそも自己表現価値とは、対象となるブランドが自分自身を表現し
てくれ、持っているだけで、あるいはそのサービスを受けているだけでそ
のブランドの意味する自分を感じられることを意味します。また他人にも
そう感じてもらえるだろうという期待もあるのです。

　たとえば、BMW という乗用車ブランドでドラ
イブすると、多くの人はBMW ブランドに込めら
れた社会的成功者の意味を感じることができま
す。しかしながら、もちろんその自己表現価値
を支えるための基本価値、機能的価値、情緒的
価値がしっかりしてなければどうにもならない
ことを忘れてはなりません。

　このようにプレステージ・ブランドでは、特に上位価値の充実度が重要
であり、この自己表現価値がしっかり消費者に感じられてはじめてその
ブランドのプレステージの裏付けとなるわけです。はじめに登場したバー
キンは、まさにこの自己表現価値がしっかり大きいということになります
ね。実際、このバーキンをお持ちの方は、どう感じているのでしょうね。

　また図の三角形の幅の広さも見ておきましょう。
　この広さは、各価値をつくっている多様な部品というか多様な要素の

トータルでの強さを意味しています。日用品ブランドの場合には、上位価値到達度も重要なのですが、常用するものが多いですから、幅が広がれば支払っていいと感じる価格は高くなります。

このように三角形の上位到達度および幅の広さに応じて価値は大きくなり、価値トータル面積が大きいほど、消費者は高価格を受容しやすくなるというわけです。

◆消費者によって価値の感じ方が違うか

そもそもマーケティング自体の最大の特徴が消費者ごとにニーズが違うというものですから、当然、消費者ごとの違いを見なくては話になりません。

それゆえ消費者を個人ごとに考えますと、この三角形の大きさ(時には形状も)はそれぞれ異なります。そのため、企業が自社の提供する商品・サービスを高価格で受け入れてもらうためには、マーケティング努力でこの上記の三角形を効率的に大きくする消費者層をターゲットとしなければなりません。

そしてそのターゲットとなる消費者へ効果的にコミュニケーションなどで働きかけて、上位の価値を充実させることにより消費者のこだわりを高め、比較的高い価格を受け入れていただくことが可能となるわけです。これはプレミアム・ブランド(ベーシック版に対しての上級ブランド)で特にやりやすいのですが、それらに限らず、日用品ブランドでも可能です。

これらに関してはまた章を改めてお話ししたいと思います。

04 モノを買うのか、体験を買うのか

サービス・ドミナントロジック

サービス・ドミナントロジックという言葉を聞かれたことがあるでしょうか。平たくいうと「**モノのコト化**」と近い意味です。

サービス・ドミナントロジック(service-dominant logic)とは、<u>経済活動すべてを「サービス(service)」と考えて、企業は顧客と一緒になって価値を創っていくんだ</u>という「**価値共創**」の視点でマーケティングを実施する考え方を意味しています。「S-Dロジック」などと呼ぶことが多いですね。

従来のマーケティングの考え方では、企業が商品(goods)の価値と価格を決め、顧客はその対価を支払うことで商品を獲得するという、コトラーの有名な言葉でもある、「価値交換」が主流でした。S-Dロジックが登場してからは、これを「グッズ・ドミナント・ロジック」と対比して呼ぶようになったのです。

つまり、より消費者の立場となり、消費者と一緒になって、モノとしての商品をどう使い、どういう体験を獲得することによって、どう価値

を高めていくかということになります。それゆえ消費者は、**いい経験をし**
たなと感じて、商品・サービスの価値をより高く感じ、財布のひもを緩め、
ある程度高くても喜んで買うということになります。

　図で示すと、図4-1のようになります。この図の2つの円が交わったと
ころでサービス・ドミナントロジックに基づく市場が生まれます。

図4-1　サービス・ドミナントロジック

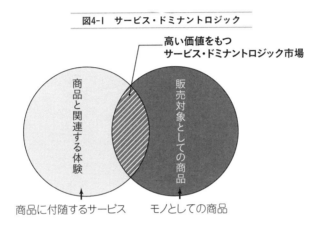

例をあげてみましょう。

　アディダスは、2017年10月に「アディダス　ブランドコアストア　新宿」
を開店し、体験を重視した販売を始めました。たとえば、「テスト＆クリ
エイト　フットボール」というコーナーでは、試し履きのシューズでボー
ルを思い切り蹴り、スピード測定などの対戦ゲームを導入。また店内に
マイナス10度の極寒状態を再現する高さ3mの筒状の装置を置き、スポー
ツウェアを着て寒さを実体験できるようにもしました[※]。このように商品
と実体験をセットにするというサービス・ドミナントロジックの実践を行っ
ているのです。

　このような付加価値を持たせることにより、多少高くても消費者は、
喜んで支払ってくれるようになるのだといえます。

※ 日経MJ、2017年11月3日号

人々が「価格」に感じる3つの価値

さて価格というものは一体どんな意味を持ち合わせているのでしょうか。

通常、あたり前に感じるのは、「高いといやだなぁ…」とか「もっと安ければ買うのになぁ…」ではありませんか。確かに価格の中心となる意味はこの「**支出の痛み**」ですよね。大学の経済学部に入って基礎的な経済学を習うと、価格の主要な意味はこれです。

安物は安くなると消費が落ちるという「支出の痛み」とは逆の効果があることは、経済学の中でも説明されています。これは、イギリスの経済学者、ロバート・ギッフェンさんが発見したので、「ギッフェン財」と呼ばれていますが、あくまでも経済学の特殊な分野であり、それほどは注目されていないようです。しかしながらマーケティングは、こういう極めて心理学的な部分に光を当てて、せっせせっせと調べていくわけです。

そんな感じで、ここでお話しするのは、「支出の痛み」以外の価格の他の2つの意味なのです。

　1つは、**価格には、その商品の「品質を推し量る」という意味があり**、またもう1つは、**価格自体の高低で「プレステージ」**(高品質のモノに込められた権威や名声)**を感じる**か感じないかという意味があることです。

　しかもこれらは人によりけりであり、大きなばらつきが消費者に見られるのです。商品にもよりますが、価格で品質を推し量る人、価格が高いことにプレステージを感じる人々は、「高くないと買わない」ということも起こり得るのです。あとで示しますが、商品カテゴリーごとに多くの人を図上にプロットすることも可能です。ということは、消費者を、商品カテゴリーについて価格で分類できるということになります。

価格の「品質を推し量る」意味

　価格で品質を推し量るのだから、これを**「価格の品質バロメーター」**と呼んでおきましょう。

　皆さんがご自分で「よく知らないもの」を買いに行く場合、どのような買い方をされるでしょうか。たとえば、家族に「子どもの解熱剤(げねつ)を買ってきて」と頼まれて、ドラッグストアに行くとします。いろいろな薬がいろんな価格で店の棚に陳列されていますが、薬についてよく知らない場合、どうやって選ぶのでしょうか。店員さんに聞く、ブランドで決める…などがあるかもしれませんが、もし誰にも聞かず自分で判断し、しかもブランドの善し悪しもわからない場合、どうするのでしょうか。

　この場合には、きっと「この薬は安いけど、安いだけに心配だ。価格相応にしか効かないのでは……」などと考えてしまいます。逆に「この薬は、ずいぶん高いなぁ。でも高いだけに効きそうな気がするなぁ……」などと考えがちです。

　結局、懐具合と相談して、「一番高いのは避けても、子どもが心配だから2番目くらいの高い薬を買う」などとなりがちです。そのような経験がないでしょうか。

栄養ドリンク剤などもそうですね、かなり疲れ
ているときは、「ちょっと余計に支払っても効きそ
うなものを飲んでみよう」と高いドリンク剤に手を
伸ばすなどということもありますよね。薬以外に
も蛍光灯が切れたから買いに行くような場合、
迷ったけど、ちょっと高めの方が長持ちしそうだ
…などと考えて買われる人も多いかもしれません。

　ポイントは、<u>価格にはこのような品質バロメーターの意味がある</u>という
ことです。むやみに「価格を下げさえすれば売れるんだ」なんて考えて、小
売の方が極端な安価で売ると、却って売れなくなるということもあり得
るのです。
　このあたりを理解してうまく値付けを行っている代表は、化粧品業界
かもしれません。でもティファニーとかブルガリとか外資系が上手にやっ
ているこのような値付けに比べると、日本のラグジュアリーブランド業界
は、まだまだ上手であるとはいえないようですね。

価格が品質バロメーターとして働かない場合

　ではいつも価格が品質バロメーターとして働くかというと、そうでもあ
りません。さっきの解熱剤や栄養ドリンク、そして蛍光灯についても十分
知識のある人は、品質に詳しいので、価格で判断したりすることはあり
ません。逆によく知っている品質を基準として価格の高低を判断すると
いうことになります。また十分な品質判断知識がない場合でも、価格の
代わりにブランドが強力な品質バロメーターとして働くことが多いのです。
したがって、メーカーがブランドを大事にしているのは大いにうなずける
ことなのです。有名なブランドの場合、消費者はブランドで品質を判断し

て買うことが多くなります。このような場合、価格は品質バロメーターとしての働きが弱くなります。品質判断基準が少ないとき、価格の品質バロメーターがよく働くのですね。

　参考に消費者が感じる品質は、どういうものに影響されているのかを図で説明しておきましょう。図5-1を見てください 。

図5-1 「品質はこうだ」と感じる（知覚品質）際の影響要素

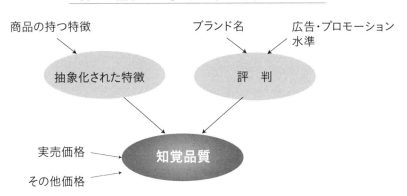

(出典:Zeithaml(1988), p.7を修正)

　本来、商品の品質というのは、その商品がどういう特徴を持つかで決まってくるはずで、それが消費者の頭の中でより漠然とした抽象的なイメージで「あそこがよかった」とか「ここがよかった」とか記憶に留められて品質の善し悪しなどが判断されます。ところがそれだけでなく、この図の上の方にあるブランド名も強力であり、個別商品ブランドではない、電器製品の「ソニー」やスポーツ商品の「ナイキ」など強い企業ブランドでも、品質の善し悪しの判断に大きな影響を与えます。広告やセールス・プロモーションも同様であり、これらは消費者の間での評判という形をとり、品質判断に影響を与えます。そしていよいよ価格ですが、実売価格やその他のメーカー希望小売価格などが品質判断に影響を及ぼすということになります。

　品質を製品の特徴で判断しにくいもの、ブランド名が知られていないも

の、あるいは判断力のない人であれば、価格が品質バロメーターとなることはこの図からもおわかりになると思います。

◆ホーキンスの紳士靴の広告

さて最後に実例を１つ示しておきましょう。

図5-2は雑誌に載った、いささか古いですが、アウトドアシューズで有名ブランドであるホーキンスが日本で紳士靴に進出したとき、雑誌に掲載した広告です。ホーキンスは、「日本の靴は高すぎる。いい靴は高いというのは間違っている。ホーキンスの靴は品質がよく、価格は欧米並みの値段ですよ。価格と品質は一緒じゃないんですよ」と日本の消費者に品質の良さと価格の安さをアピールしています。価格と品質が連動しやすいことを意識して、それをまずは断ち切ろうという工夫がここに見られます。

図5-2　ホーキンスの靴

ホーキンスが
安いのではありません。

高価なものがいいものですか？

欧米では90ドル前後で買える靴や服が、日本ではなぜか2万円前後になってしまうものもあります。
この現実に疑問を持たす、高価なものは良いと単純に思われていませんか？
海外旅行が買い物旅行になってしまうのは、まだまだ内外価格差がある証でしょう。
海外からさまざまなブランドの通信販売カタログが送られ、容易に安く世界のモノが買える時代になりました。
しかしこと靴に関しては、仮に安く買えるとしても幅広甲高で踵が小さい日本人特有の足型は、
幅狭甲薄で踵が大きな欧米人の足型に合わせた靴に合うはずがありません。
足に合わない靴を無理して履いたり、足の痛みを我慢したり、
結局、履かなくなってしまった…という経験をお持ちの方も多いのではないでしょうか。
ホーキンスはこの問題に早くから取り組み、日本人の足型を徹底的にサンプリングしました。
かたくななまでに品質にこだわり、内外価格差解消に本気で取り組んでいるのが私達です。
ホーキンスの価格が安く見えても、実は海外では普通の価格なのです。
G.T.ホーキンスは日本人の足型に合った靴を、欧米と同じ価格帯で、提供しています。

（出典：日経ビジネス　1999年12月20・27日号、p.52.）

価格のプレステージ性

　価格の残された最後の意味、それは「**プレステージ性**」です。

　たとえば、皆さんが自動車を買うという状況にあるとします。単なる移動のための手段でいいとすれば、軽自動車でよく、大きな荷物を運ぶ必要がある人であればトラックでもいいわけです。それなのに、なぜメルセデス・ベンツやBMW、あるいは国産であればレクサスなどを買うのでしょう。

　これは図3-1で説明した4階層からなる価値の階層構造の最上位にある自己表現価値が重要であり、上位の価値を実現するほど支払ってもいい価格は上昇するのだということを物語っています。

　ですから、やはりそのブランドが持つ**プ**
レステージが重要なのです。価格も同様

のことが実はいえます。価格の高いものを買って、「自分はこんなに高いものが買えるんだ。それだけの地位にあるんだ」とか「こんな高いものを買える自分は素敵だと知り合いが感じてくれるだろうな。すごいと思ってくれるだろうな」などと感じれば、その人にとって**価格の高いことも価値になる**わけです。

　少し俗物的な感じがしないでもないのですが、自分は「地位が高いんだぞ」と叫ぶわけにもいきませんから、自分の持ち物や利用しているサービスに自分に代わってそのことを伝えてもらうという価値があるのです。1908年にニューヨークのブルックリンに生まれたアメリカの有名な心理学者マズローさんも言っているように、人間は成功すると「尊敬されたい」という欲求が出てきますから、当然といえば当然ですね。

06 インスタ映えするなら 高級ホテルのプールも高くない

シティホテルのプールに集うインスタ女子の心理

◆低価格にしたことで顧客が離れた高級ホテル

　高級旅館・高級ホテルは、低価格にすると顧客層の入れ替わりで、顧客間に摩擦が起こり、ブランドイメージが低下し、価格も戻せなくなるという失敗事例が数多くあります。

　たとえば、1泊何万円もするホテル・旅館が集客を当て込んで、格安価格で顧客開拓を行ったところ、学生を含む大勢の若者グループがやってきて大騒ぎし、静かな雰囲気を好む従来のお得意様がその雰囲気を嫌い、離れていったことがありました。これらのホテルが低価格を維持できずに、価格を戻すと若者客も離れ、従来のお得意様も戻らず破綻するというようなことがありました。

　この事例は昔、マクドナルドが65円という低価格ハンバーガーを出したとき、高校生などの若者来店者がどっと増え、従来の割と高めのメニューをオーダーしてくれるビジネスマン層が別のハンバーガーチェーン

50

に流れてしまい、マクドナルドが価格を戻したとき、高校生などの若者来
店者が離れ、ビジネスマン層がなかなか戻ってきてくれず、窮地に陥った
のと同じパターンでした。

◆高価格でも客が押し寄せるシティホテル

　しかしながら、上記のような低価格の失敗例があると同時に、逆の高
価格で成功している事例も実はあります。それは高級シティホテルの事例
です。シティホテルといってもプール利用の話です。

　皆さんはシティホテルのプール利用料金をご存じでしょうか。公営プー
ルはもちろん、一般的な設備の整ったレジャープールよりもかなり高い
価格設定になっています。現在でも東京でのビジター料金では平日4,000
〜 7,000円、土日祝日では8,000 〜 10,000円が一般的のようです。たとえ
ば、図6-1に参考例を載せておきましたが、東京プリンスホテルのビジ
ター料金は、コロナ禍以前の2019年夏時点で、平日大人8,000円、土・休
日12,000円です。

図6-1　東京プリンスホテルのプール料金

一般料金（宿泊者以外）
平日
・大人：8,000 円
・子ども（4〜12 歳）：5,000 円

土曜・休日
・大人：12,000 円
・子ども（4〜12 歳）：7,000 円

ナイトプール（18 歳以上のみ利用可）
・女性：4,200 円
・男性：6,000 円

https://www.princehotels.co.jp/tokyo/facility/garden-pool/

　これに比べて公営プールは数百円、レジャープールは2,500 〜 4,000円
くらいです。

レジャープールの例としてよみうりランドのプール料金を図6-2に紹介しておきましょう。説明や写真を見ると、なかなか設備も整っていて活発にプールそのものを楽しむには魅力的ですね。このように設備が充実していて、１日3,300円なのです。公営プールは安いですが、混むし、設備は少なそうです。

図6-2　よみうりランドのプール料金

	おとな (18歳〜64歳)	中高生	小学生 シニア (65歳以上)	未就学児 (3歳以上〜小学生未満)
プール入場料	￥3,300	￥2,600	￥2,200	￥2,200
ナイトプール入場料	￥2,000	￥1,500	￥1,500	￥1,500
プール付ワンデーパス	￥6,100	￥4,900	￥4,500	￥4,000

https://www.yomiuriland.com/wai/

人気の2つの理由

　さてプールは小さくて、レジャープールに比べてレジャー設備がかなり見劣りするシティホテルのプールなのですが、夏になると女性誌がこぞって特集を組み、高価格にも関わらず若い女性層に人気が高いのです。この人気の理由は何でしょうか。

　これには２つほど理由が考えられます。

❶混雑の排除（ネガティブ要因の排除）

　１つはいうまでもなく高い料金設定ですから学生を中心とする若年層や子連れ客の排除ができます。その結果としてプールの混雑がまずなく

なります。芋の子を洗うような混雑から逃れられる効用は当然ながら大きいわけです。

　レジャープールでは、設備はいいのですが、夏の週末は人でごった返すのを我慢しなければならないでしょうね。いくら設備がよくても設備を利用するのに長い時間待たされるのは嫌なものです。

❷顧客層の限定

　もう1つの理由は、もっと積極的なものです。つまり高い利用料金は、混雑の緩和といったネガティブな要因の排除だけではなく、ポジティブな要因も生み出すことができるのです。つまり、高い料金設定により利用顧客が比較的ハイソサエティ層に限定されるということなのです。

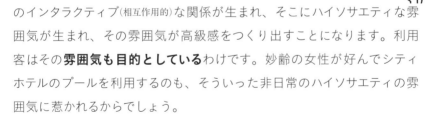

　この結果、高い利用料金を負担できるハイソサエティに属する利用顧客とシティホテルの高級感とのインタラクティブ（相互作用的）な関係が生まれ、そこにハイソサエティな雰囲気が生まれ、その雰囲気が高級感をつくり出すことになります。利用客はその**雰囲気も目的としている**わけです。妙齢の女性が好んでシティホテルのプールを利用するのも、そういった非日常のハイソサエティの雰囲気に惹かれるからでしょう。

　このように高価格にすることによりターゲットセグメントのうまい捕捉が可能であるため、高いプレステージの維持ができるのです。これがこの章のポイントとなります。この結果得られるブランド力がまた高い料金の存続を可能にしているのです。

　このシティホテルのケースでは、まさに「高くないと買わない」人々を

ターゲットとしているわけです。このようなケースは、高級サービス業にはほとんどあてはまります。会員制のゴルフクラブ、リゾートクラブ、高級フィットネスクラブなども同様でしょう。これらの組織のサービスに価値が十分あることが前提ですが、高い料金体系のもたらすメリットもあるということになります。

「私たちにだけ持てる」商品の特別感

またこのことはサービスだけでなく、ラグジュアリー商品にもあてはまるのではないでしょうか。

ハイソサエティに属する人だけが利用する商品であれば、その層に憧れる人々は買いたくなるでしょう。しかしながらあまりにも多くの人々が所有できるような価格であれば、ハイソサエティに属する人以外の多くの人々が持てることになり、その所有する価値は薄れてしまいます。ですから、少量の商品を高く売るという、薄利多売のまさに逆である"**厚利少売**"なるものを高い価格を設定して実践しなければならないのです。ただし何度もいうようですが、このうまいサイクルが順調に存続するためには、ただ高ければいいのではなく、その価値をしっかり築き上げておかなければならないということを忘れてはなりません。

超高級腕時計などは、この章の事例が意味する究極例の１つです。

世界最高峰の時計は、１つで車どころか家まで買える価格を誇りますが、徹底した品質管理のもとに超優良顧客を引きつけてやみません。

07 隠れ値上げ「お値段そのままサイズダウン」はファンを失う？

消費増税と隣り合わせの攻防

　だいぶん前になりますが、2006〜2007年頃から、原油や小麦などの資源高騰時代が1年半ほど続いたことがあります。この時代には川上（製造業）では資源価格高騰が起こり、川下（小売業）ではデフレ現象が続き、メーカーは値段を簡単に上げられず、コスト上昇圧力に苦しみました。それでも企業努力で売上高営業利益率は4％台を維持しました。

　やっとコストプッシュによる**価格是正**（元の価格に戻る）が起こってきたころに、2008年9月のリーマンショックで日本経済は極端な不景気を迎え、価格是正の動きはやんで再び**低価格競争**が激化し、企業は利益を大いに減少させたのです。

　しかし、次の展開がありました。それは2011年の東日本大震災、いわゆる3.11でした。Part0で述べたように、需要が供給を上回ったため、価格是正が一般的となりました。そしてその後、1年未満で再び供給が回復し、消費者は、ほどなく元の敏感な価格感度に戻っていきました。

◆価格を上げると支出意欲が下がる

　これらの価格動向を見ると価格はマクロ経済動向に左右され、コストと消費者の支出意欲でだいたいの価格が決まってくることがわかります。この消費者の価格感度に反応し、メーカーや小売は低価格のプライシングで低利益・大量販売を行うか、付加価値を高め、高利益・少量販売を行い、利益額を確保するかとなっているわけです。

　このように意思決定の元となる経済動向があまりにも激しく揺れ動いているため、企業はプライシングに悩んでいます。

　加えて、消費税の存在があります。1989年に3%、1997年に5%、2014年に8%の税が価格に上乗せされました。いずれも4月です。そして2019年10月には軽減税率もありますが、とうとう10％になりました。どうもインパクトの強い価格上昇を生み出したようです。

　また2015年には原材料価格の高騰で、また2019年春には、運転手をはじめとする人手不足などによる物流費の高騰でコスト上昇による値上げもありました。そしてトドメかどうか何ともわかりませんが、2020年12月現在、コロナ禍による外食需要の低下で農産物の価格低下、そして需要の大きい生活必需品の一部の価格上昇が見られますが、それ以外の産業需要が極端に減退しているため、価格上昇と下落が入り交じってきて、とても複雑な様相を見せています。価格に関する悩みは、本当に尽きることがないようです。

隠れ値上げと総額表示

　さて上記のような企業の価格決定に関する深い悩みを表しているのが、「隠れ値上げ」、つまり「お値段そのままサイズダウン」です。

　消費税導入のとき、企業は総額表示、二本立て表示（本体価格＋消費税込価格）、本体価格のみ表示とどれにするか悩みました。結局、総額表示は、消費者にとってインパクトが大きく、安く見える本体価格のみ表示と二本立

て表示の方に軍配が上がったようです。やはり消費者は価格感度が高かったようです。

　これらの結果を踏まえてという可能性が高いのですが、新聞情報によると、1990年代から価格を据え置いたまま容量を減らすなどの実質値上げが増えています。

　ピークとされるのはリーマンショックの起きた2008年です。食品を中心に容量を減らした商品は約1,500品目と前年比で3倍も増えたそうです。この傾向は続いている様子ですが、メーカーは減量を公表しない場合も多く、公表してもホームページでの告知ぐらいなので、多くの消費者には伝わらないようです[1]。

◆反感を買わない減量と価格はあるのか

　値上げよりは、もし消費者に減量が知られていないならば、安価な方が売れるでしょう。しかしながら、現在は、SNSで実質値上げはすぐ拡散されて事実はあっという間に広まってしまうようです。

　この**ステルス値上げ**（消費者にわからないようにそっと値上げすること）の結果、どういうことが起こるでしょうか。

　この新聞には、「値上げは仕方がないが、実質値上げは購入後に気付き、だまされたような気分になる」[2]と書かれてありました。つまりこれらの隠れ値上げは、企業ブランドを壊してしまうことにつながります。減量と同時に店頭価格を引き下げて「明治ブルガリアヨーグルト」が大きく販売額を伸ばしたように、減量と店頭価格の引き下げのバランスをうまく取り、消費者を納得させてから、利益率が上がるようにするのが正しいやり方でしょうね。

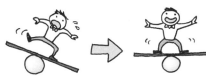

　何事もバランス感覚ということになりますね。

※1・2 日経新聞、2018年10月19日号.

Part2

「価格」のオケージョン

なぜ登山後のビールに 800 円かかっても惜しくな
いのか

08 時と場合によって商品へ払っていい支出額が変化する

山頂のビールは高くても売れる

　皆さんは山登りをされたことがあるでしょうか。

　長い時間歩いて、苦労して頂上にたどり着いたとき、そこに山小屋があり、山の水で冷やしたビールがあれば、筆者などはすぐに手が伸びてしまいます。このときのビールの値段は、下界の自販機で買うよりもはるかに高いのが普通です。運び上げるコストよりもずっと高いような気がします。

　しかしながら苦労して登った山上で、汗を拭きつつ、景色に見とれながら飲むビールは格別なものでして、登山者はある程度の高価格でも許してしまいますよね。砂漠で乾きに耐えかねた人が水を求めるほどではないのですが、このときのビールも貴重なものであることに変わりはありません。

また同様の例として以下のような話もあります※。

『あなたは、夏の暑い日に友達とビーチで寝ころんでいます。ビールが飲みたいと思って、友達にビールを買ってくると告げます。もしビールを買える場所が半マイル離れた洒落たリゾートホテルだけだとしたら、どのくらい払わねばならないと考えるでしょうか。一方、もしビールが小さな古ぼけた食品雑貨店で売られているならば、あなたはどのくらい払わねばならないと考えるでしょうか』

　当然の結果ですが、調査からは多くの人々がリゾートホテルで買う場合は、食品雑貨店で買うよりもかなり多く支払わねばならないと考えていました。

　このように「買う場所が異なる」という状況によって支払っていいと判断する心の中の価格はシフトするのです。つまり**状況に応じてこの判断基準となる価格は違ってくる**のです。

　このような状況、つまり英語では**オケージョン**と一般に呼ばれていますが、これによる判断基準価格の変化を専門用語では**「文脈効果」**と呼んでいます。

　もう1つ例をあげておきましょう。

　自分の子どもがいたとして、その子の受験発表で合格したという知らせを聞くと、嬉しさのあまり普段高いと思うレストランでも高いと思わず予約を入れる人も多いと思います。これもオケージョンによって判断基準となる価格が変わる例です。

　このように判断枠組みが異なってくる文脈効果は実に世の中には多そうな感じです。だとしたら価格戦略上、このことを利用しない手はありませんよね。

※ R. Thaler（1985），" Mental Accounting and Consumer Choice," Marketing Science,4, Summer, pp.199-214.

「文脈効果」の代表的なもの

　文脈効果というものを感覚的に理解するためにまず目で捉えてみることにしましょう。

　次の図8-1を見てください。この2つの(a)と(b)の中心にある円のサイズを見比べるとどちらの方が大きいでしょうか。

　ぱっと見では、大きな円に取り囲まれた(a)の方の真ん中の円と、より小さな円で取り囲まれた(b)の真ん中の円とは同じサイズに見えませんか。こういうのを世の中では錯視と呼んでいますが、よく見れば真ん中の円のサイズは(a)の方が大きいのです。

　図8-2では(a)の方が大きいサイズであることがわかります。

　このように同じサイズでも対比される対象が異なれば、違ったように感じられます。やや次元が異なりますが、オケージョンでこれと同様の効果をもたらすものを文脈効果というのです。この例と同様に製品も、より魅力的な製品と並べられていれば、その魅力は低下し、魅力のないものと並べられていれば、より魅力的に感じられるということは皆さん経験があるのではないでしょうか。

図8-1　文脈効果を目で見る－その1

真ん中の円のサイズは、どちらの方が大きい?

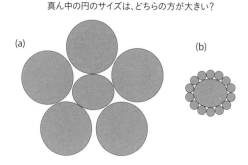

図8-2　文脈効果を目で見る－その2

真ん中の円のサイズは、小さく見えた(a)の方が大きい！

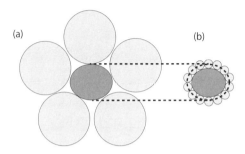

さてこれから少し専門的な、しかも心理学的な解説をしますが、しばし忍耐を持ってお付き合いください。この文脈効果はどんなものがあるかというと、大きくは、下記のトレードオフ・コントラストというものとカテゴライゼーションに分けることができます。

(1) トレードオフ・コントラスト
　　①バックグランド・コントラスト
　　②ローカル・コントラスト
(2) カテゴライゼーション

この内、(2)のカテゴライゼーションはPart3に譲るとして、(1)のトレードオフ・コントラストについてお話ししましょう※。

トレードオフ・コントラスト

トレードオフ・コントラストとは、ブランドを選ぶ際に、消費者がブランドのどの特徴を、より強く意識するかで選ぶ結果が変わることを説明す

※ I. Simonson and A. Tversky（1992），" Choice in Context: Tradeoff Contrast and Extremeness Aversion," Journal of Marketing Research, Vol.XXIX, August.

るものです。平たくいえば、商品・サービスの何かを意識して、「どちらに
しようかと悩む・悩む…う～ん」というような内容です。このトレードオ
フ・コントラストには、バックグランド・コントラストとローカル・コントラス
トの2種類が存在しています。それぞれについて説明しましょう。ここも
平たくいえばバックグランド・コントラストは「過去をひきずる…」、ローカ
ル・コントラストは「端っこが気になる…」という内容です。

①過去の経験をひきずるバックグランド・コントラスト

　消費者が過去に経験したことから、ある一部の商品特徴を重視するこ
とがあり、そのまま重視経験を引きずるような場合に生じます。たとえば、
2020年4月に、コロナ禍でマスク（風邪をひいたときなどに利用するマスク）がなかな
か手に入らない貴重品となり、50枚で500円程度だったのが、2,000～
5,000円で売られていました。もちろん消費者の足元を見る便乗商法も多
そうですね。

　このようにマスクに大きな注目が集まった状況で、AとBという遠く離
れた2地域でのマスク、ハッカ油、ハンドソープ、ボックスティッシュの
家庭用衛生セットの例で考えてみましょう。

質問

A、B両地域で衛生セットはどちらも同じ価格であるとします。ただし、各地
域で経験しているマスクの価格が異なっていたとします。この衛生セットの中
のマスクの1枚あたりの価格を計算すると、Aという地域では1枚あたりどれ
も150円であるとします。一方、Bという地域では1枚あたりどれも30円だっ
たとします。どこの地域でもこのようなセットの値段は変わらないのですが、
地域によってマスクの1枚あたりの経験価格が違い、それぞれの地域の消費者
はその価格を覚え込んでいるという設定です。
ここで両地域において、以前の衛生セット商品を廃止して、マスクの価格が1

枚あたり 100 円となるセット商品を、「セット商品価格が高くて、マスクの含有枚数が多い X」と「セット商品価格が安くて、マスクの含有枚数が少ない Y」として出すと、A、B 両地域でどちらのセット商品の方が多く売れるでしょうか。セット商品の具体的な内容は以下の通りです。

セット商品 X：マスク 50 枚 1 箱、ハッカ油 100 ㎖ 1 本、ハンドソープ 350 ㎖ 1 本、ボックスティッシュ 5 箱 →セット商品価格が 7,500 円

セット商品 Y：マスク 30 枚 1 箱、ハッカ油 150 ㎖ 1 本、ハンドソープ 500 ㎖ 1 本、ボックスティッシュ 8 箱 →セット商品価格が 6,000 円

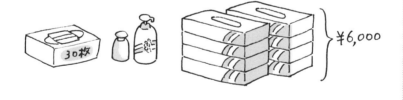

　従来の経験がそれぞれの地域で消費者に蓄積すると、A 地域では、「マスクは高いものだ」という知識が刷り込まれています。ところが B 地域では、1 枚あたりのマスクの価格が安いため、「それほど貴重でもない」という知識が刷り込まれています。結果、どうなりやすいかですね。

答え A地域ではXが、B地域ではYセットがよく売れる

A地域では、「マスクは高いものだ」という刷り込みがあり、1枚あたりの価格が150円から100円になるため、セット商品価格が高くてもマスクの含有枚数が多いもの、つまりセット商品Xがよく売れる傾向となります。

反対にB地域では、「マスクの価格が安い」という刷り込みがあり、新たに投入されたセット商品ではマスクの1枚あたり価格が自分の意識している価格より高いので、セット商品価格自体が安いセット商品Yを選ぶ傾向になりやすいのです。

このように消費者が事前に商品特徴の何かを強く意識していると、後の対応で売れるものが変わるのです。企業は、地域ごとに価格が異なる現象があれば、こういうことを意識した方がいいですね。この例は、商品でもサービスでも、強く意識されるような特徴があればあてはまることです。

②その場限りで消費者の商品選びが影響されるローカル・コントラスト

こちらは、その場の商品の品揃えによって選び方が影響されるものです。別名、**魅力効果**とも呼ばれています。図8-3を見てください。

図8-3　ローカル・コントラスト

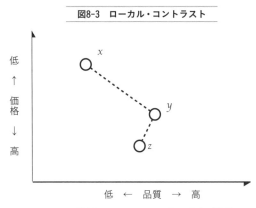

(出典:Simonson and Tversky(1992)、p.286を一部修正)

　2つのブランドxとyがあって、消費者の選択対象であるという図8-3のような状況を考えてください。ここではタテ軸が価格を意味していますが、消費者の感じる効用、つまり「嬉しさ、ありがたさ」が上にくるほど高まると考えて、価格の安い方が上にくるように設定してあります。

　このような状況で一方のブランドyに対して、その性格に近いポジションに、yよりやや劣ったブランドzを投入してみます。するとzがyに対して似たような品質であるのに価格がずいぶん高いので、zはyに対して劣った商品であることがわかります。でもこの位置づけからは、zは商品xに対しては劣っているとはいえないのです。このため、yが相対的に優れて見えるという現象が消費者に起こり、yの注目度が上がり、その感じられる優位性が高くなるのです。この結果、yは消費者に選ばれる確率が高くなります。このことを**ローカル・コントラスト**と呼びます。これでブランドyは、その価格も以前ほどは高く感じられないことが多くなるのです。

　逆にx側に同様にxより劣った商品を投入すると、今度はxが選ばれる傾向が高まります。zのような商品は、**おとり商品**(decoy)とも呼ばれることがあります。

　このローカル・コントラストは、「メルセデス・ベンツ」がブランドのボトムラインにAクラスを投入して以来、そのワンクラス上位のCクラスが好調であることをちょうどうまく説明しています。自社商品にせよ他社商品にせよ、**うまくおとりを用意することが上手な戦略となります**。スマートフォン等に使える価格戦略となりますね。

　この文脈効果は、価格戦略だけに関わるものではないのですが、用い方によって、ここで述べたように価格戦略にうまく利用して、売りたいものを大きく売ることが可能となります。

09 赤ちゃんのいるお母さんの悩みも解消、クイックルワイパー

赤ちゃんが眠っているときは貴重な掃除道具

Part3で述べるカテゴライゼーションに似ていますが、同じ商品でも、文脈、つまり状況に応じて、価値が変わり、進んで支払ってもいい価格 **WTP**（Willingness To Pay）が変わるものをここでご紹介しましょう。

コーヒーを飲むオケージョンと価格

コンビニコーヒー、マクドナルドのコーヒー、喫茶店のコーヒー、スタバのコーヒー、ホテルのコーヒーの価格はいくら違うのでしょうか？調べてみると執筆時現在では以下のようでした。

・**コンビニ：すべて100円**（「レギュラー」もしくは「S」など一番小さなカップ。サイズで異なります）

・**マクドナルド：S 100円、M 150円、L 210円**（サイズで異なります）

・**スターバックス：310円～1,320円**（リザーブ・クローバー）、一

般的なものは 580 円が多い(やはりサイズで異なります)

・喫茶店：だいたい 300 円後半 ～ 500 円台、一般的に 450

円が多い

・高級ホテルのラウンジ：700 円 ～ 3,000 円

ずいぶん価格が違いますね。

特にホテルラウンジのコーヒーは驚くほどに高いですね。もちろんコーヒー豆の種類、淹れ方、席のスペースなどいろいろ価格の異なる要因はあります。でもすごい価格差ですね。ピンが 3,000 円でキリが 100 円で、30 倍も開きがあるとは驚きです。

このように同じような商品でも、利用のオケージョンが違えば、価格も違うということになります。一番安いコンビニのコーヒーでは、単に並んで買うだけで、大抵は持ち歩いて飲むオケージョンですね。イートインでは店内で飲めますが。これを見ると価格が高くなるほど、場所の重要性が増してくるわけです。スターバックスでは、落ち着いたり、ゆったりと話をしたり、本を読んだりで長い時間をくつろいで過ごすというオケージョンでの

料金です。一番高い価格である高級ホテルのラウンジでは、長い時間くつろぐということもあるでしょうが、気取った場所での待ち合わせ、大事な商談等を行うことが一般的です。こうなるとどんどん場所の重要性が高まるのですね。それで価格は高くなるということです。

つまりどういうオケージョンでコーヒーの提供される場所を買うかによって、コーヒーの価格が変わると考えていいのです。

高くても長年買ってもらえるクイックルワイパー

今度は違ったもので考えていきましょう。

花王が開発したクイックルワイパーという掃除道具があります。これは、1994年秋の発売当初、2年間で200億円以上の売上を記録したというヒット商品で、いまなお人気商品となっています。

このクイックルワイパーは、生活環境の変化や人口の高齢化を視野に入れて開発した商品であり、アルミと合成樹脂不織布を主な材料としているため、軽量で、力のないお年寄りや子どもでも簡単に使えるものです。ゴミを吸い取る部分には独自に開発した不織布を使っており、繊維でゴミを絡め取る仕組みとなっています。不織布は保持具の穴に挟み込むだけで固定でき、取り替えも簡単で、そのうえ騒音とも無縁なので、病人の寝ている部屋の掃除にも向いていると説明されています[※1]。

図9-1　クイックルワイパー

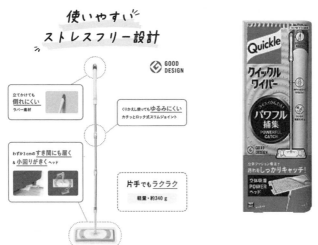

https://www.kao.co.jp/quickle/

いまやこのクイックルワイパーには、長いのやら小さいのやら、ウエットシートやらもふもふシートやら、いろいろなタイプが出ていますが、柄

http://www2.ias.biglobe.ne.jp/patent/SUB-Topi03-3.html

70

の長いコテのようなものに不織布製のホコリ・汚れを引き寄せるシートをかぶせて、さっとふき取る掃除道具です。シートを外して燃えるゴミで捨てるだけで後始末が済むので筆者も研究室や書斎でハンディタイプを使い、重宝しています。図9-1に製品を載せておきました。

さてこれが、なぜオケージョンの章で登場するのでしょうか。

実は、あるオケージョンにおいてこのクイックルワイパーは実に貴重な価値を持っているのです。したがって、このオケージョンがあれば、消費者は少々価格が高くとも支払ってくれるのです。それはどんなオケージョンでしょうか。

◆赤ちゃんのいる若いお母さんの悩みはクイックルワイパーで解消

赤ちゃんのいる若い主婦には以下のような悩みがあるのです[※2]。

『自分は家事と子育てに忙殺される毎日を送っていた。せめて赤ちゃんが寝ている間は、ササッと掃除をすませて、一息つきたいが、掃除機の音で目を覚ましてしまうと思うとそれもできないでいた。』

こんな感じでは掃除もままならず、赤ちゃんを抱えた若い主婦の場合、精神的にも追い込まれてしまうことが多いようです。このような状況でクイックルワイパーは大きな力を発揮するのです。

『ところが、「クイックルワイパー」を使えば音を立てないので、赤ちゃんのことを気遣う必要もなく、いつでも簡単に掃除ができる。驚くほどにゴミやホコリがとれるだけでなく、それまで二〇分かかっていた部屋の掃除が五〜六分でできるので、(中略)少しは自分自身の時間を持つ余裕ができた。おかげで、今まで閉じこもりがちであった気持ちが明るく開けて、前向きな生活が送れるようになった。』

※2　陶山計介・梅本春夫（2000）、『日本型ブランド優位戦略』ダイヤモンド社、p.60.

前に第3章で述べた価値の階層構造の図3-1の4つの価値が、この事例ではどうなるかを見てみましょう。

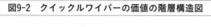

図9-2　クイックルワイパーの価値の階層構造図

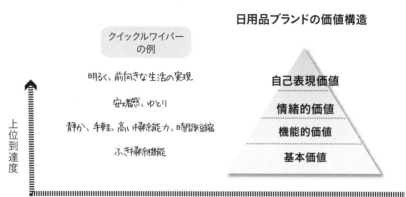

（出典:田中（2002）,p.189と和田（2002）,p.19.を併合、再構成しつつ作成）

基本価値は、「ふき掃除機能」、機能的価値は、「静か、手軽、高い掃除能力、時間短縮」、情緒的価値は、「安堵感、ゆとり」であり、自己表現価値は、「明るく、前向きな生活の実現」です 。この例のように暗くなりがちな自分を明るく開放してくれ、前向きになれるとしたら消費者はどうでしょうか。きっとロイヤル顧客になってくれ、少々値段が高くても受け入れてくれるはずだと思いませんか。つまり**WTP**（消費者が支払ってもいいと思う価格）のアップですね。

インターネットで探してみると赤ちゃんだけでなく、図9-3のように楽しい使い方もありますね。ペンギンのぬいぐるみをクイックルワイパーの柄に通してのお掃除です。飾りにもなりますし、掃除をしていても楽しくなりますね。いろんなぬいぐるみを試してもいいですね。

※陶山計介・梅本春夫（2000）、『日本型ブランド優位戦略』ダイヤモンド社、p.50-51. 但し、価値は、機能的価値は機能的便益というように、便益という言葉で表現されています。

図9-3　クイックルワイパーで楽しくお掃除

再販開始！フローリングが氷上になる ペンギン
スルスルー

https://www.felissimo.co.jp/shopping/
I180606/I280636/GCD791213/

「スルスルーっと単題におなか滑り」
南極に住むアデリーペンギンが、掃除のお手伝いをしてくれるフローリングワイパーカバー。
これってつけてて意味ある？いや、意味はない……？
ワイパーをかけると、ペンギンがスイスイ〜っとおなか滑りしているようで、ほっこり和みま
す。掃除中の人々をなごませるためだけに誕生した『ペンギンスルスルー』が、お客さまからのリ
クエストにお答えして再販売地です。

■ペンギンスルスルーの使い方

フローリングワイパーの
スティックに通します。

お手持ちのフローリングワイパーに、ペンギンスルスルーをポコンとかぶせます。

　この章でのポイントは、**消費者の価値を感じるオケージョンを探し出す**ことです。うまくこのようなオケージョンを探し出すことができれば、そこを広告やセールス・プロモーションの切り口として販売すればいいのです。

　このようにオケージョンごとに自己の製品やサービスの価値を探り出すことが非常に重要となるわけですが、これらは勘やひらめきでしか考えつかないものなのでしょうか。

　実は勘やひらめきも非常に重要なのですが、**システマティックに探り出す方法**もあります。第11章では、この事例を紹介することにします。どんなものでも評価の高い利用のオケージョンでアピールして価値を高めていくことが重要ですね。

10 冬にも売れるスポーツ飲料は、風邪に効くか?

簡単な消費者アンケートの手法

皆さんは、スポーツ飲料をよく飲むでしょうか。

筆者は、テニスをするときによく持参しています。名前通り、スポーツ飲料なのですね。

しかし風邪をひいたときも飲みませんか。実はワイフが風邪をひくと、筆者はよく頼まれてこのスポーツ飲料を買いに行きます。味の好みがはっきりしているようで、特定ブランドでないと絶対飲んでくれませんが。

このように<u>オケージョンによってスポーツ飲料もその価値が大きく変わってくる</u>ようです。先ほどの風邪をひいた場合の重要度はかなり高そうですね。このことについて研究したことがありますので、少しお話ししてみましょう。

既存の代表的なスポーツ飲料は消費者の頭の中でどのようなポジショニング、つまりどのようなマップ上の配置になっているのでしょうか。ま

ずこれを確認して、次にそのマップ上で消費者全体に対して、利用のオケージョンごとに理想方向を推定してみましょう。何やら魔法みたいですが、消費者アンケートを実施して、統計的な手法(多変量解析と呼びます)を使えば、割と簡単にできるのです。この手法は、大学の実習形式の授業でもやっているものです。

1. スポーツ飲料にどんなオケージョンがあるか

これについては、複数専門家の意見を聞く，顧客を集めてフォーカス・インタビューを行うなどの方法がありますが、この調査では，消費者へのヒヤリングに基づき共同研究者同士の討論でオケージョンを選びました。以下の通りです。

①家庭内で常用する場合
②スポーツの後に飲む場合
③持ち歩いて飲む場合
④リフレッシュしたい場合
⑤風邪をひいた場合
⑥ダイエットしている場合

「2日酔いに効くか」というのを入れていませんでしたが、こんなもんでしょうね。

2. 分析の対象を決める

さて分析の対象を決める必要がありますが、次ページの表10-1のようにしています。全部で13の対象を選んでいますが、後で用いる分析の都合上、あまりたくさんは選べないのです。

表10-1　分析対象スポーツ飲料

番号	ブランド名	容量	形状
1	ポカリスエット	1.5 ℓ	ペットボトル
2	ポカリスエット	900 mℓ	ペットボトル
3	ポカリスエット	500 mℓ	ペットボトル
4	ポカリスエット	340 mℓ	缶
5	ステビア	500 mℓ	ペットボトル
6	ステビア	340 mℓ	缶
7	アクエリアス	2 ℓ	ペットボトル
8	アクエリアス	710 mℓ	ペットボトル
9	アクエリアス	500 mℓ	ペットボトル
10	アクエリアス	250g	缶
11	DAKARA	500 mℓ	ペットボトル
12	DAKARA	330 mℓ	紙パック
13	DAKARA	450g	ボトル缶

出典：上田隆穂・藤居誠（2002）、p.31

3. 分析結果をマッピングする

　ここでMDSと呼ばれるマッピングの手法を用いました。詳細は少々や やこしいので結果だけ示します。図10-1を見てください。簡易的に行っ たので、16人にしかアンケートは採れていませんが、16人の頭の中のポ ジショニングが図示されています。

図10-1　スポーツ飲料のポジショニング

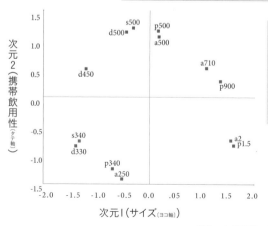

a：アクエリアス
p：ポカリスエット
s：ステビア
d：DAKARA

これらに続く数字はサイズを意味する。

出典：上田隆穂・藤居誠（2002）、p.32

　ポジショニングされた商品から軸は、後づけの解釈でサイズと携帯性としました。つまり、右ほど大きなサイズであり、上にいくほど、持ち歩いて飲むのに適しているということでしょう。ここでaはアクエリアス、pはポカリスエット、sはステビア、dはDAKARAのブランドを意味します。またブランドに続く数字はサイズを意味しています。a2とはアクエリアス2ℓを、p340とはポカリスエットの340㎖を意味しています。

　この図10-1を見ると、右下のアクエリアスの2ℓとポカリスエットの1.5ℓが重なり，また500㎖などサイズ別にまとまる傾向が見てとれます。しかしその中でもブランドごとにさらに分かれる傾向があるようです。

4. オケージョンごとの重要度を尋ねる

　次に行うのは、先に述べた6つのオケージョンごとに各スポーツ飲料がどの程度重要かを重要度順で尋ねることです。もちろんアンケートですから、同時に尋ねているわけですが。先の図とこの順序からオケージョンごとの既存製品の理想方向を推定します。この方法は選好回帰分析と呼ばれる便利な方法ですが、ここでは、その解説は省き、結果のみを示しておきます。

　次ページの図10-2を見てください。この図が各オケージョンでの理想方向、つまり用途ごとに理想とされるブランドとサイズの方向を示しているわけです。たとえば、持ち歩きのオケージョンでは、ステビア、DAKARAの500㎖が重要だとされ、次にDAKARAの450㎖、そしてポカリスエット、アクエリアスの500㎖が重要だとされます。この重要度は、各飲料から理想方向のベクトルに垂線を下ろして矢印方向であるほど重要だとされることからわかります。

　ところが、風邪をひいた場合には状況が変わります。アクエリアスの710㎖やポカリスエットの900㎖が好まれ、次にポカリスエット、アクエリアスの500㎖が重要だとされていることがわかります。

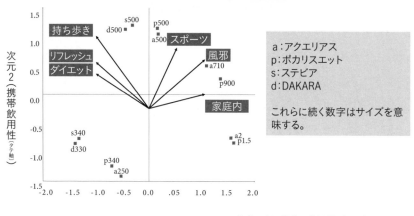

図10-2　オケージョン別理想方向

次元2（携帯飲用性（タテ軸））

次元1（サイズ（ヨコ軸））

a：アクエリアス
p：ポカリスエット
s：ステビア
d：DAKARA

これらに続く数字はサイズを意味する。

出典：上田隆穂・藤居誠（2002）、p.33

　これらの結果から、場合によって、同じ商品（ここではブランドとサイズ）でも重要度が異なり、したがって支払っていい価格、つまりWTPが変化することにつながります。

　具体的にオケージョンごとにWTPがいくらになるかは、ずっと後の章でお話しするコンジョイント分析という方法を用いて推定することができます。調査の結果からは、持ち歩いて飲む場合には500mℓが手ごろで、限りなく安い方（90円）が好まれますが、風邪をひいた場合などはある程度高くてもいいようです。1.5〜2ℓサイズのポカリスエットやアクエリアスが好まれ、330円でもよさそうです。

11 どうやって価値ある「時と場合」を生み出すか？

オケージョンと理想方向

この章では、前章で述べてきた価値のあるオケージョンのシステマティックな発見方法をもう少し具体的に考えてみましょう。前章は頭出しのような感じですね。事例で説明した方がわかりやすいと思いますので、今度は牛乳の事例を用いることにします。

オケージョンと理想方向：強いオケージョンは？

前に筆者は、現・Jミルクの委託調査研究をうけて、アンケートをとり、牛乳に関するいくつかの調査を実施したことがあります。そのうちの1つに日常利用するさまざまな飲料において、牛乳を消費者がどう位置づけているのかを調べました。それに加えて消費者が持つ多様な飲用オケージョンごとに、どの飲料を重視しているか、また牛乳はどうであるかを調査しました[1]。

※1 詳しい内容をご覧になりたい方は、上田隆穂監修（2004）『牛乳類の価格戦略と需要拡大』、酪農乳業情報センター編集・発行を参照してください。

用いた飲料は、牛乳以外にヨーグルト・乳酸菌飲料、機能性飲料(スポーツドリンクなど)、野菜ジュース、ドリンク剤、茶系飲料(紅茶、日本茶など)、コーヒー、果汁飲料、炭酸飲料、ミネラルウォーター、ビール、ワイン、ハードリカー(日本酒、ウィスキーなど)の計13品目でした。

各飲料について多様な質問をして、ある統計的な手法を用いて[※2]、グラフ上に各飲料をマッピング、すなわちそれぞれの飲料がどのように回答者の頭の中で位置づけられているかを描きました。

図11-1を見てください。この統計的な方法では、質問項目が多くても、類似した項目が少数の因子といわれるものに要約されるのですが、結果的にタテ軸の「コミュニケーション」とヨコ軸の「健康・美容促進」という因子に要約されました。このグラフを見ると、それぞれの飲料の位置づけがよくわかります。

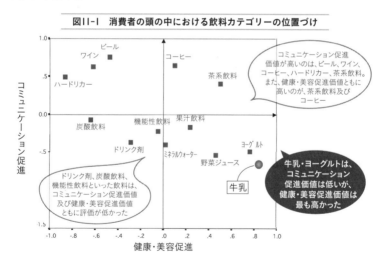

図11-1　消費者の頭の中における飲料カテゴリーの位置づけ

牛乳は、コミュニケーションにはあまり役に立たない飲料ですが、健康・美容促進には強い飲料であることがわかります。しかしこれだけだと単に全体的な位置づけがわかるだけで面白くありません。やはり多様な

※2　今度は、因子分析という統計的な手法です。前章は、MDSという違った手法でしたが、同じく多変量解析手法です。原理的にはいささか難しいですが、結果を解釈するのは難しくはありません。

飲用オケージョンでの位置づけこそが知りたいところで、それがわかれば
いろいろな普及戦略が立てられる可能性が高くなります。

◆牛乳が好んで飲まれる理想的なオケージョン

そこでまたグラフ上に前章で用いた選好回帰分析という手法により、「喉
が渇いたときに飲む場合」「食事をするときに飲む場合」「部屋で飲む場合」
「大勢で飲む場合」「疲れたときに飲む場合」の5つの飲用オケージョンご
とに飲料としての理想方向がどの向きであるかを示す、原点を中心とし
た矢印を描きました。このオケージョンは、数人へのインタビュー結果か
ら選び出したものです。

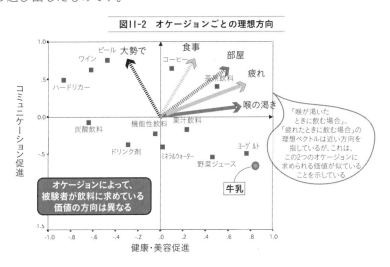

図11-2 オケージョンごとの理想方向

図11-2がこの結果です。「食事をするときに飲む場合」と「部屋で飲む場
合」のオケージョンでの理想方向が似ています。また「疲れたときに飲む場
合」と「喉が渇いたときに飲む場合」も理想方向が似ていますね。

このオケージョンでは牛乳は弱いのでしょうか？ それを理解するため
にもオケージョンごとの飲用の重要度を見てみましょう。図11-2だけで
はわかりにくいですから。

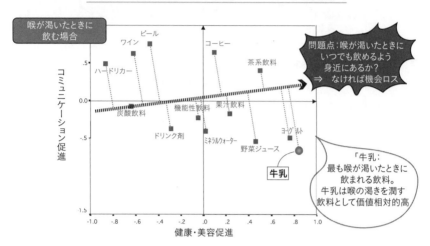

図11-3 「喉が渇いたときに飲む」オケージョンと理想方向

喉が渇いたときに
飲む場合

問題点:喉が渇いたときに
いつでも飲めるよう
身近にあるか?
⇒ なければ機会ロス

コミュニケーション促進

ワイン　ビール　コーヒー

ハードリカー　茶系飲料

炭酸飲料　機能性飲料　果汁飲料

ドリンク剤　ミネラルウォーター　ヨーグルト

野菜ジュース

牛乳

「牛乳:
最も喉が渇いたときに
飲まれる飲料。
牛乳は喉の渇きを潤す
飲料として価値相対的高

健康・美容促進

　ではわかりやすくするために「喉が渇いたときに飲む場合」のオケージョンに注目してみましょう。これは図11-3です。

　この理想方向の矢印(ベクトル)に各飲料から垂直な線を降ろします。その降ろしたところ(垂線の足といいます)が矢印の進行方向にあるほど、その飲料はそのオケージョンで重視されると解釈できます。これを見る限り、このオケージョンで牛乳は、最も評価が高い飲料となります。

　ここで問題点として考えられるのは、牛乳はほとんどが家庭内で飲まれる飲料であり、外出時にはなかなか飲みたくても飲めない飲料であることです。つまり外でかなり需要があるのに買ってなかなか飲めるようにはなっていないという機会ロスが大きそうだということができます。自動販売機などの拡充が重要なのでしょう。衛生面を別にすれば、ふたの着脱が自由であるリキャップがなかなか普及しないのも業界にとって痛いところでしょう。

　また「食事をするときに飲む場合」「部屋で飲む場合」「疲れたときに飲む場合」など牛乳はなかなか健闘しているようです。しかしコーヒー、茶系

飲料の評価が非常に高く、コーヒーや茶系飲料は、どのような場面にでも合うオールマイティな飲料として、調査対象者に認知されているようです。この辺りは牛乳にとって割と価値のあるオケージョンですので、価格も競争力をある程度は持っているでしょう。

問題のあるオケージョンで価値を高めるには

さて問題があるのは、「大勢で飲む場合」というオケージョンです。図11-4を見てください。これは「わいわいがやがや」やるときのオケージョンですから、男性が半分混じっているのもあって、ビール、ワイン、ハードリカーといった酒類の価値が高いようです。そして次いでコーヒー、炭酸飲料、茶系飲料が高くなっています。コーヒー、茶系飲料はいつも強いですね。

図11-4 「大勢で飲む」オケージョンと理想方向

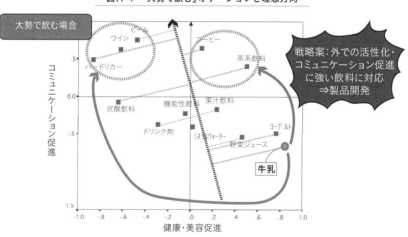

牛乳に関しては、最も大勢で飲む飲料にふさわしくない飲料として認知されているようです。ではどうすればいいでしょうか。

他の調査を考え併せると牛乳は、極めて地味な商品という特徴を持っています。それ自体悪いことではありませんが、外で需要を伸ばすには

ファッション性が必要となります。

　特に大勢でわいわいやる際には、ファッション性があるものが勝つ時代です。たとえば今はやりの**戦略的提携**を商品レベルで実施することでしょう。中でもどのような飲用オケージョンでも人気の極めて高かったコーヒーとの連係などがあります。コーヒーは牛乳と一緒になってファッショナブルなカフェラテとなります。自宅飲用にほぼ限定された「牛乳単体での飲用」から外部での需要喚起の方法として、人気の高いコーヒーにあやかり、コーヒーへのこだわりを高める手段としての生乳利用の拡大、つまりコーヒーと混ぜて飲むようなカフェラテなどの形態で需要を伸ばしていくことは極めて重要な戦略でしょう。他にもカルーアなどリキュールや抹茶と混ぜて飲むといったおしゃれな飲み方も貴重だと思います。

　主役としての需要拡大のみならず、このような名脇役としての需要拡大を追求することにより、問題のあるオケージョンでも価値を高めることができそうです。オケージョンでの価値が高くなれば、需要も高まり、必然的に安売りされることはなくなっていくでしょう。

　以上、牛乳の事例で示しましたが、まず専門家や利用者へのインタビューで多様なオケージョン候補をあげること、次いで有望なオケージョンを議論し、いくつかの候補を決めること。そして上の例のように競合がありそうな商品を集めてマッピングを行い、理想方向をオケージョンごとに調査することです。これにより、オケージョンごとの調査したい商品の価値の位置づけがわかるはずです。

　この方法は専門的な部分も含みますので、調査会社などの専門家に依頼すると無難かもしれませんね。

12 リアル社会とネット社会の融合

ネットで買うと安くなる？

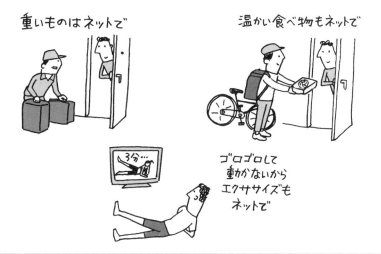

重いものはネットで

温かい食べ物もネットで

ゴロゴロして動かないからエクササイズもネットで

3分…

　日本最初のホームページは、いつ発信されたかご存じですか。これは、そんなに大昔ではありません。1992年9月30日に茨城県つくば市にある文部省高エネルギー加速器研究機構計算科学センターの森田洋平博士によって発信されたのが最初です。まだ30年ぐらいしか経ってないのですね[1]。

　ではネット通販のはじまりはどうでしょうか。時系列で以下に書いておきます[2]。

【1993年】日本初のネット通販：DEODEO（デオデオ／家電量販店）が洋書を販売。
【1995年】アメリカでYahoo!設立、Amazon.comがサービススタート。日本でソフマップがインターネット通販に参入。
【1997年】「楽天市場」スタート。グーグル（Google）がサービススタート。

※1 http://www.ibarakiken.gr.jp/www
※2 https://123kamakura.com/?p=974

> ノジマ、カゴメ、味の素、小林製薬、ヨドバシカメラなどがインターネット通販に参入。
>
> 【1998年】アメリカのAmazon.comが日本進出（アマゾンジャパン株式会社が設立）

　という具合にネット販売が拡大してきました。いまやネット販売は大隆盛ですね。コロナ禍は、この事態に大きく拍車をかけています。

　さてこのようなネット社会の到来とリアル社会が融合して、プライシングはどう変化しているでしょうか。

　最も大きな最初の変化は、**価格押し下げ圧力が大きくなった**ということでしょう。

リアル社会とネット社会の存在による価格低下圧力

　ネット販売が盛んになってきて、消費者、特に若い消費者は、リアルな店舗を見て回り、気に入ったものを見付けたら価格.comのサイトなどを調べて、一番安い店舗で注文するといった**ショールーミング**が増えています。そうなるとやはり効率的に安いものを買うことができ、販売サイドとしては、価格競争の圧力がかかってくることになります。最近はますます、価格.comのようなサイトが増えていますね。

　それに対してリアル社会の逆襲も出てきています。具体的には、ミネラルウォーターの大容量のペットボトルがそうです。平均価格で1997年に2ℓのサントリー「南アルプスの天然水」が190円でしたが、2017年時点では83円と56％下がっています[1]。

　理由としていわれているのが、ネット販売です。ネット販売だと消費者は重たいものを持たないですみますので、リアル店舗では買ってもらえない。だから店舗サイドは安売りして買ってもらい、目玉商品として客寄せのために売り込もうとします。一方、メーカーは、シェアにこだわり、販売

※1　日経MJ、2017年10月23日号

奨励金をつぎ込み、安売りの原資とします。このような結果、価格低下が起こるのです[2]。この時点では、まさに**リアル社会とネット社会の競争**でした。

◆競争から融合へ

しかしながら、時の経過とともにアマゾンがリアル店舗を開店するとか、一般のスーパーチェーンがネットスーパーを開くとか、両者がコラボレーションするとか**融合**が進むことになります。

この結果、低価格化一辺倒から価格を高くする方への傾向も出てくることになります。その代表がPart6で解説するダイナミック・プライシングです。時と場合、つまりオケージョンで値段を安くしたり、高くしたりして利益をより上げていこうとする価格戦略です。これはPart6で解説しますね。

価値を上げて顧客満足度を上げる

リアル社会とネット社会の融合において、オケージョンに関しては、価格を変えるというよりも、**価格はほぼ一定でも、価値の方を変化させて顧客満足を上げる**動きも出てきています。

その具体例としてはウーバーイーツ(Uber Eats)と一般飲食店とのコラボレーションがあげられます。これはネット社会とリアル社会のコラボレーション事例ですね。少し説明しましょう[3]。

ウーバーイーツは、新しいスタイルの配送サービスです。これは、海外でスタートしたハイヤーの配車サービス「ウーバー (Uber)」を応用した、新しいスタイルの「料理宅配サービス」です。自社では宅配を行っていない飲食店でも、登録していればウーバーイーツから注文できるため、たくさんの飲食店のメニューをデリバリーで味わえるのが特徴になっています。

※2　日経MJ、2017年10月23日号
※3　https://bitdays.jp/maas/delivery/uber_eats/

アプリで簡単に料理とデリバリーサービスの注文ができ、手軽な食事を、自宅でも職場でもどこにいても、かなり多くの飲食店から選択できるシステムが構築されていることから、ウーバーイーツは、多様なオケージョンの食事に活用可能で、2016年には日本でもサービスが開始されています。

ウーバーイーツのホームページによると、ウーバーイーツのサービスを支えているのが、「配達パートナーシステム」です[1]。注文された食事を飲食店から受け取り、ユーザーの手元まで届けるのは、空いた時間を利用した一般ユーザーです。宅配業者ではなく、「今近くにいて時間が空いている人」が一時的に配達パートナーとなるシステムであるため、スムーズかつスピーディな宅配が実現可能です。

必要なタイミングに、配達できる人材を確保する配達パートナーシステムが、ウーバーイーツ最大の強みなのです。ネットの強みとして、配達状況はアプリからリアルタイムで確認できるので、スケジュールに合わせた食事が可能となっています。またアプリには配達パートナーの名前や顔写真も表示されるので、安心してデリバリーを受け取れるのも魅力といえますね。

さてこのウーバーイーツとリアル店舗（ここでは飲食店）の融合により、大幅にデリバリーの種類・規模が拡大して、どのようなオケージョンにも簡単に活用できるようになりました。たとえば誕生日に代表されるいろいろなお祝いごと、自宅飲み（宅飲みともいいます）、友人宅でのパーティなどです。たとえ同じ料理でもオケージョンが違えば、当然その価値も異なります。さらにデートや結婚記念日でのオケージョンにおける料理の配達では、ワ

※1　https://www.uber.com/jp/ja/deliver/

インや料理のランクアップが見込まれ、価格もアップするのは間違いない
でしょう。

　このようなウーバーイーツを自社に取り込む形で実施しているのが、
マクドナルドが実施しているマックデリバリー（McDelivery）ですね。これは
もうコラボレーションを超えたリアルとネットの融合といえます。利用者
は、やはり多様なオケージョンで活用し、しかも注文条件が1,500円以上
ですから、客単価もアップすることになります[2]。ちなみにマクドナルドは、
ウーバーイーツや出前館も並行利用できる形にしていますね。

図12-1　マックデリバリー

※2 https://www.mcdonalds.co.jp/shop/mcdelivery/

Part3

「商品」「人」を分けて
アピールする

主導権を持たずに価格は決定できない

13 商品のカテゴライゼーション戦略❶ カテゴリー・ブリッジング

従来の製品改良で新たなサブカテゴリーをつくる

もやし 神 サプリ
30円 1,000円

野菜 かサプリか… そんな話の前に
このもやし炒めは "神" です!!

ここでは、第8章で述べた消費者の価格判断の枠組みを左右する**文脈効果**の1つである**カテゴライゼーション**について詳しくお話ししたいと思います。

機能性野菜はサプリメントか？

皆さんは、野菜の「機能性表示食品」、つまり機能性野菜の第1号は何かご存じですか。実は岐阜県中津川市にある中堅企業(株)サラダコスモの「大豆イソフラボン子大豆もやし」で、プレスリリースでは次のように謳っていました[1]。

『この度、機能性表示が可能になった「大豆イソフラボン子大豆もやし」は、機能性関与成分として「骨を健康に保つ機能」がある「大豆イソフラボン」を含んでいます。生鮮野菜での取得は難しいといわれていましたが、(中略)弊社で

※1 https://www.saladcosmo.co.jp/blog/?p=2018

92

は、この制度が低価格競争に巻き込まれている「もやし」業界、消費が低迷している野菜業界において光明になると捉え、地方の中小企業である弊社だからこそ果敢に挑戦し、且つ低コストで取り組み、苦労の末受理されるに至りました。』

図13-1 野菜の「機能性表示食品」大豆イソフラボン

https://www.saladcosmo.co.jp/blog/?p=15781

大豆イソフラボンにはどんな効能があるのでしょうか。同社の web サイトには次のような説明がされています[2]。概要のみここに書いておきます。

基本的に大豆イソフラボンは、骨の成分を維持する働きによって、骨の健康に役立ちます。その働きは、

①骨を丈夫に保つ　　　　②髪の毛を豊かに保つ

③脳の働きを活発にする　④肌のつや、柔軟性を向上

⑤自律神経を安定化　　　⑥乳腺の発達を促進

※2　同左

⑦内臓脂肪を付きにくくし、女性らしい体形を維持

　⑧コレステロールの正常化　　⑨子宮の働きを活発にする

　などの機能が知られていますが、同社では、機能性表示としては、骨の健康維持に焦点を当てエビデンスを探索し届出を出したとのことです。大豆イソフラボンには、骨吸収(損失)を抑える働きと、骨形成を促進する働きの両方の機能が報告されており、いずれもスイッチを入れるような働きであり、カルシウム、リン等のミネラルやビタミン類も一緒にないと骨は形成されません。子大豆もやしには骨の形成に必要な栄養素が他にもたくさん含まれているとのことです。

　さらに、そもそも大豆は栄養豊富なのですが、もやしに成長することで他の大豆加工品と比較しても、栄養種類や量が増えていることが大きな特徴のようです。ビタミンK、C、葉酸、γ-アミノ酪酸などは元の大豆種子に比べて3倍以上増加していて、これは発芽メカニズムがもたらす不思議なパワーだと説明されています。

　皆さん、どうでしょうか。**これは単なるもやしでしょうか。**

　実は野菜でありながら、サプリメントのカテゴリーにも足を踏み入れていると考えられないでしょうか。

　単なるもやしの価格では、25～50円くらいと野菜の中では物価の優等生となっています。しかしながら生産者にとっては利益も薄く、ビジネスとして厳しい状況にあることも事実です。ではサプリメントはどうでしょうか。千差万別で量にもよりますが、大体300～数千円、高いものは1万円を超えるものもあります。したがってもやしは安いもの、サプリメントは高いものというイメージがあるようです。

　ここで図13-2を見てください。

　もやしとサプリメントのカテゴリーが重なったところには、「サプリメン

ト的な性格を持つもやし商品」が入ります。つまりサプリメントというカテゴリーでは、「価格がある程度高い」というイメージがあり、価格の安いもやしでも、高くても納得できるということになります。通常のもやしではなく、特別な性格を持つカテゴリー、いわば頭の中で区分けをする引き出しをつくってそこに入るもやしをつくるようなものです。

　こういった細かいカテゴリーは、**サブカテゴリー**と呼ばれますが、新たなカテゴリーまたは、サブカテゴリーをつくり出すことを**カテゴライゼーション**といいます。また別のより価格の高いカテゴリーの性格をもたせることを、ここでは橋渡しという意味で**カテゴリー・ブリッジング**と名づけておきましょう。ブランド・ブリッジングという言葉にちなんだものですね。

　大豆イソフラボン子大豆もやしは消費税込で75円ということですが、サプリメントのイメージを少し高めるために、消費税込で98円程度でもよかったのではないでしょうか。100円としないのは、大台の手前のちょっと安い端数価格として大台効果※を避けるためです。

図13-2　もやしのカテゴライゼーション

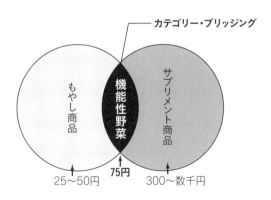

※2桁が3桁になると、ここでの2円の上乗せよりもずっとインパクトがあるということです。日本では末尾8、アメリカでは9で終わる傾向があるのはそのためです。

商品のカテゴライゼーション戦略❷ 新製品をどのカテゴリーに入れるか

新しいものができちゃった。そのとき考えるべきこと

冷風機とは、扇風機それともエアコン？

「冷風機」という、扇風機かエアコンかと多少迷うような製品があります。コンビニクーラーとも呼ばれているようですね。扇風機を箱型にしてコンプレッサーで冷やした風を送るため、エアコンほど効き目はありませんが、冷風を得ることができるというものです。

この冷風機というカテゴリーがなかったときは、さて扇風機のカテゴリーに近づけるのがいいでしょうか、それともエアコンのカテゴリーに近づけるのがいいでしょうか。

ちなみに冷風機には、冷風扇という類似の機器がありますが、webサイトには、以下のような定義がなされています[※]。

『冷風機とは、コンプレッサーと熱交換器を備え、吸い込んだ空気を本体内

※ https://bought-boat.com/magazine/articles/1090 を参考に書いています。

部で冷却して送風する冷房器具です。エアコンの「室内機」と「室外機」が一体化した形で、本体の裏側で排熱する仕組みです。』

また類似製品の冷風扇の定義は以下の通りです 。

『冷風扇とは、加湿器のように本体に水を入れて使う冷房器具です。外気を取り込み、水分を含んだ蒸気用フィルターを通過する際に水分が蒸発し、気化熱が奪われてフィルター温度が低下します。そのフィルター部分を空気が通過することで冷却され、冷気となって放出される仕組みです。』

いわば、冷風機はスポットエアコン(クーラー機能)であり、冷風扇は扇風機に近いと考えればいいと思います。

写真を図14-1に載せておきましょう。図14-1の左側が冷風機(ポータブルエアコン)で、価格は102,300円です。この価格なら通常の安いエアコンも買えそうです。冷風扇は右側の写真で、タンクに水を溜めて、冷風をつくるシステムであり、価格も扇風機に近く、高くはありません。この事例では、7,990円となっています。冷風機と冷風扇では、ずいぶん価格差があるものですね。

図14-1 冷風機と冷風扇

静岡精機
気化式冷風機 RKF406

¥102,300（Rakuten 価格）

https://www.shizuoka-seiki.co.jp/products/air/aircooler/aircooler/rkf406/

エスケイジャパン
メカ式冷風扇

¥7,990（MonotaRO 価格）

https://skj-felicis.com/itempage/reifusen/skj-sy50r-skj-sy30r/

扇風機の価格は、価格.com を見ると 2,000 ～ 20,000 円くらいです。中には有名なダイソンの扇風機のように 3 ～ 7 万円する例外的に高い製品も存在します。一方、エアコンの方を見ると、3 万円台～ 40 万円台と扇風機よりもはるかに高いです。

　したがって、どちらのカテゴリーに近づけるかというのは歴然としてますね。

　扇風機の中に入れてしまうと冷風機は、2,000 ～ 20,000 円くらいで勝負することとなります。これは「極めて高い扇風機」ということになり、とても価格の勝負になりません。というのは消費者が店頭で製品を選ぶとき、比較する対象は扇風機の価格であり、冷風機は勝負にならず、冷風扇で何とか勝負ができるということになります。

　ダイソンの扇風機（図 14-2）も非常に高いのですが、よほど自信があるといえるでしょう。ダイソンも努力を重ねて、どんどん温風機能、風向きの広さの調整機能や空気清浄機能を取り入れて、消費者に高い価格を納得させようとしていますね。

図14-2　ダイソンの扇風機シリーズ

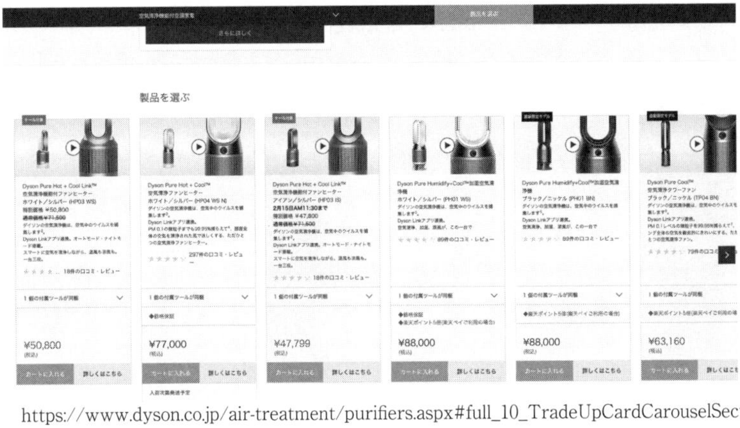

https://www.dyson.co.jp/air-treatment/purifiers.aspx#full_10_TradeUpCardCarouselSection

では冷風機をエアコンカテゴリーの中に入れるとどうでしょうか。

先ほど書いたように、エアコンは3万円台〜40万円台と扇風機よりもはるかに高いわけです。この中に冷風機を入れると、消費者は「なんと価格の安いエアコンだろう」と感じることになります。まあ話はそういつもうまくいくわけではありませんが、比較の対象が高いので、安く見えるわけですね。つまり店頭あるいはweb販売時にどういう比較の対象を持ってくるかということです。

このように**消費者が感じる「高い」も「安い」も、コミュニケーションによる価値の訴求の仕方によってある程度コントロール可能**なのです。とにかく価格の安い商品のカテゴリーに消費者によって分類されてしまうことだけは避ける努力をしなければなりませんね。

またミートローフという肉製品が発売されたときにソーセージ売場の隣に置いたら、高いと思われて全然売れず、ハム製品売場の隣に置いてみたらハムが高いので、ミートローフは比較上安いと感じられてよく売れたという有名な話があります。

分類が難しい新製品をつくることができたら、どのカテゴリーに入れるかは慎重に判断しないといけませんね。

15 メーカー主導のカテゴライゼーションの行い方

カエルというには
色々不十分だから
「成長したおたまじゃくし」
にしておこう！

　第13章、14章で具体例をあげてきましたが、実際に商品のカテゴライゼーションを行うにはどうすればいいのでしょうか。この章では具体的な実践方法について考えてみましょう。

消費者にとってのカテゴライゼーション

　商品のカテゴリー分類であるカテゴライゼーションは、最初から明確に決まっているものではなく、操作余地があり、工夫次第でうまくメーカーの希望通りにもできます。

　重要なのは、「相対的に高価格でも消費者が受け入れてくれるように、つまり**WTP**（購入してもいいと思ってもらえる価格）を上げてくれるように、まずどの製品カテゴリーとして消費者を導くべきか」ということです。そしてそのカテゴライゼーションに成功すれば、つぎに「その中でより有利な**サブカテゴリー**に消費者を導く工夫をする」ことになります。

　ただし、あらかじめカテゴリーが決まっているならば、第13章で述べたようにサブカテゴリーの発見が先になります。こうすることによって、消費者の判断基準となる価格を売り手に有利に、しかも消費者の満足度を高く保ったまま高い方へシフトしやすくなります。

◆**メーカーに有利な製品カテゴリーとは**

　次ページの図15-1を見てください。この図は、カテゴライゼーションの具体的な手順を示しています。

　たとえば、ある健康関連の乳飲料製品Xを新発売しようと考えているとします。これは図の左端に描かれています。300㎖で約300円という比較的高額な製品であり、外見は牛乳に似ているが、それ以外の成分が多く含まれており、健康に非常にいいことが明らかになったため開発された新製品であるとします。

　この製品にとって、低価格競争の激しい牛乳カテゴリーに入る（消費者が同じようなものと感じて分類する）ことは、避けねばなりませんよね。今までのお話を読まれておわかりになるでしょうが、低価格の牛乳と比較されてしまい、高い価格であることを消費者が嫌いますから。

　とすればメーカー自身が新製品を入れたい、**メーカーに有利な製品カテゴリー**とは何でしょうか。

　前の2つの章からもわかるように、当然ながら、比較的高価格の製品が入っている健康関連栄養飲料が考えられます。このカテゴリーに属せば、何万円もするものがざらにあるので、その高価格もそれほどは目立ちませんし、比較的高くてもよい製品と感じられれば、ある程度高くても購買されやすい製品カテゴリーです。

　このように当該製品を目的とする製品カテゴリーに入れるのを**同質化**といいます。これで新製品はある程度高く売ることができます。

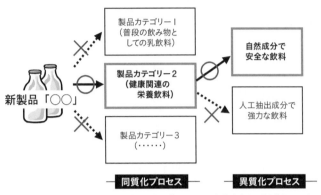

図15-1 価格判断の枠組みを変えるカテゴライゼーションのプロセス

製品カテゴリー1
（普段の飲み物と
しての乳飲料）

製品カテゴリー2
（健康関連の
栄養飲料）

製品カテゴリー3
（……）

新製品「○○」

自然成分で
安全な飲料

人工抽出成分で
強力な飲料

同質化プロセス　　　　　異質化プロセス

（出典:上田隆穂編(2003)『ケースで学ぶ価格戦略・入門』有斐閣、p.234）

◆異質化プロセスを踏め

　ただし、最近、あまりにも多くの健康関連製品があるので、単純にそのカテゴリーに属して同質化するだけでは簡単には売れないため、次の工夫が必要となります。それがカテゴリー内での**異質化プロセス**になるのです。つまり、<u>そのカテゴリーの中で消費者ニーズの存在する特異なポジションを得る</u>ことです。

　たとえば、この製品カテゴリーに入っている製品の多くが「薬」というイメージが強く、効果があるが、天然志向ではなく、「穏やかでない、身体への優しさが乏しい」というイメージであり、かつその逆を好む消費者がたくさんいればどうすればいいのでしょうか。答えははっきりしています。消費者の望む特異なポジションを築くための工夫、つまりこの図における「自然成分で安全な飲料」が新製品Xにとって必要となるのです。

　このサブカテゴリーづくり、すなわちカテゴライゼーションがうまくいけば、消費者の価格判断において高価格でも支払ってもらえる可能性は高くなるでしょう。

「ブランド知覚差」拡大化とサブカテゴリーの創造

「ブランド間にはっきりとした差が感じられるようにする」という知覚差の拡大化自体が「異質化プロセス」の1つといえるでしょう。この異質化プロセスについてもう少し詳しく述べておきましょう。

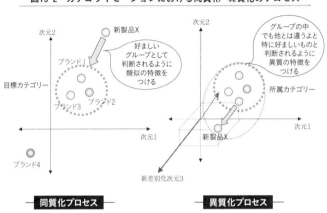

図15-2　カテゴライゼーションにおける同質化・異質化のプロセス

ブランド論で著名な和田教授は、どうやってブランド化するかに触れて、「自らの商品サービスをディファレンシエイト(筆者注:他と違ったものにする)することは自らの商品サービスを差別化し競争優位を築くということになる」と述べています。そして異質化のプロセスを①品質上の競争ギャップ(筆者注:隔たり)をつくることであり、②競争上の新たな差別性次元を確立することであると説明しています[※]。

つまりカテゴライゼーションの実行過程において、同質化プロセスは、その製品カテゴリーを構成する既存グループから逸脱しないポジションをうまく確保する役割となります。そして異質化プロセスは、新たに消費者

※和田充夫（2002）『ブランド価値共創』（同文舘出版）、p.12.

ニーズがちゃんと存在している新次元（今までになかった判断軸）をつくり出し、他の類似の商品群からはっきりと区別できる差別化軸を成立させることになります。同質化・異質化のプロセスは、前ページの図15-2のようになります。

　例として、健康関連飲料・食品の製品カテゴリーに属しており、高価格にもかかわらず、人気があり、一定の売れ行きがあるカルピスのアミールS、明治乳業のドリンクタイプヨーグルトR-I、ヤクルト400の差別化軸を図15-3に示しておきましょう。

　アミールSは「高血圧予防」、ヤクルト400は「腸内健康」、明治ヨーグルトR-Iドリンクタイプは「免疫力向上」と目的のベクトル、すなわち訴求方向が異なります。昔から今に至るまで大きな訴求インパクトをそれぞれ持っていますが、金額比で考えれば図15-3のようになります。これらの差別化軸は、典型的な異質化の事例となりますが、上手な広告コミュニケーションと連動して非常に強力なものとなっています。結果的にこれらは最初に発売されて、大いに売れ、乳酸菌飲料というカテゴリーで新たなサブカテゴリー市場を制しました。類似の例は製薬業界などにかなり多いようです。

図15-3　異質化プロセスにおける差別化の方向と強さ

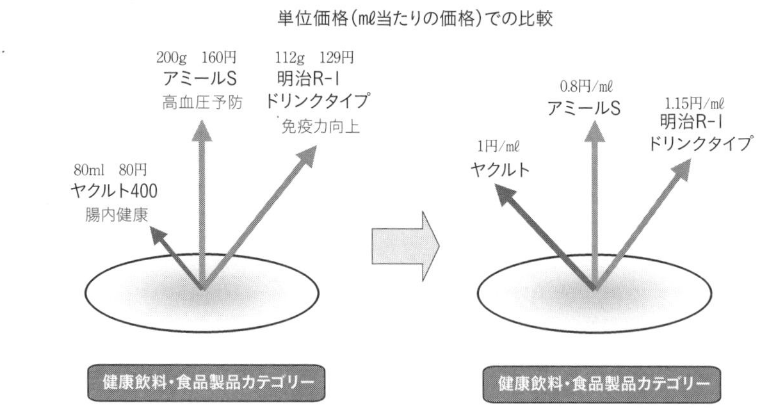

単位価格（ml当たりの価格）での比較

200g　160円
アミールS
高血圧予防

112g　129円
明治R-I
ドリンクタイプ
免疫力向上

80ml　80円
ヤクルト400
腸内健康

0.8円/ml
アミールS

1.15円/ml
明治R-I
ドリンクタイプ

1円/ml
ヤクルト

健康飲料・食品製品カテゴリー

健康飲料・食品製品カテゴリー

104

16 納得できる価格と値ごろ感

内的参照価格

消費者はなぜ価格の高低を判断できるのか？

　我々は、何かを買うときに、「これは高いなぁ」とか「安いなぁ」とか、た
とえ無意識であったとしても商品価格の高低を判断していませんか。し
ていますよね。では**どうして我々は、価格が高いだの安いだのを判断す
ることができるのでしょうか**。

　これについては、「今までに買った経験がある」とか、「値段について見た
り、人に聞いたりしたことがある」とかで、我々は判断基準の価格を持っ
ているのです。そして消費者が判断基準として用いている価格には、実
は3種類もあるのです。それらは、**内的参照価格、外的参照価格、実売
価格**の3つとなります。消費者は、これらを総合的に判断して価格の高
低判断を行っているのです。

内的参照価格とは**値ごろ価格**ともいわれ、消費者が個々に持っていて、「この商品の値段はこれくらいだな…」という価格です。

　そして外的参照価格とは、製品パッケージなどに記載された「メーカー希望小売価格」「参考価格」「当店通常価格」、ちらしなどに記載されている価格などがあります。また<u>高低の判断基準の中心となる</u>内的参照価格は、外的参照価格、実売価格の影響を強く受け、移ろいやすく、固定しているものではありません。この章では特に内的参照価格についてお話ししていきましょう。

価格の判断基準としての内的参照価格

　理解を容易にするために次のような状況を設定してみましょう。

　あるメーカーが、通常価格1,000円で新製品を発売するとき、以下のような2つのシナリオを考えました。

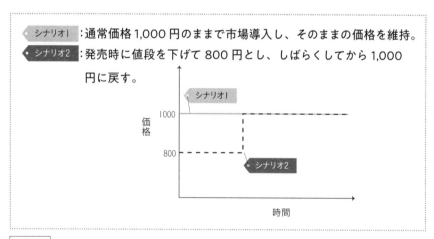

▷ シナリオ1：通常価格1,000円のままで市場導入し、そのままの価格を維持。

◆ シナリオ2：発売時に値段を下げて800円とし、しばらくしてから1,000円に戻す。

質問

これらのシナリオを類似した消費者がいる別々の場所で同時展開した場合、新製品の売上はどう異なると思いますか。

106

答え ◁ シナリオ1 の方が大きな売上を上げられる

　このシナリオ2の方は、新製品が発売されるときによく見られる価格プロモーションのパターンで、一定の短期間で終わることが多いですね。

図16-1　新発売時に値引きのある場合とない場合の売上推移の違い

（出典:A. Doob, J. M. Carlsmith, J. L. Freedman, T. K. Landauer, and T. Soleng, (1969)
"Effect of Initial Selling Price on Subsequent Sales," Journal of Personality and Social
Psychology, 11, pp.345-350.を修正）

　通常、他の条件を一定にすれば、シナリオ2の場合、通常価格に戻したとたんに売上が急激に減少し、元の売上水準に戻るまでにかなりの時間がかかるようです。そのため、**はじめから通常価格のままで販売した売上の方がトータルで大きくなる**とされています。

　この傾向は、いささか古い結果しかないのですが、アメリカでのマウスウォッシュ、歯磨き、アルミホイル、電球、クッキーなどによる実験によって支持されています[※]。図16-1を見ると、ずっと通常価格にした場合と最初に価格プロモーションを行って、その後通常価格に戻した場合とでは、明らかに差があるのがおわかりになると思います。

　この現象を説明するのが内的参照価格なのです。つまりシナリオ2では、消費者の内的参照価格が800円となりますので、シナリオ1の1,000円と

[※] A. Doob, J. M. Carlsmith, J. L. Freedman, T. K. Landauer, and T. Soleng, (1969)" Effect of Initial
Selling Price on Subsequent Sales," Journal of Personality and Social Psychology, 11, pp.345-350. に
詳しい説明があります。

いう内的参照価格よりも低くなります。そして800円から1,000円という通常価格に戻したとき、消費者はこの内的参照価格800円を価格の高低の判断基準としますから、どうしても1,000円を高く感じてしまいます。消費者は800円という価格に順応していますので、価格が1,000円になったとき、この「損をする」と感じる200円の価格差にネガティブな反応を強く示すのです。この反応の強さは、価格差の大きさに依存しています。

　この内的参照価格は研究者の数だけ定義がありますが、簡単にいうと「**この商品ならばこれくらいだと消費者が判断する価格**」のこと。
　そして価格に「幅がある」ことが特徴的なのです。

内的参照価格を低くしない価格プロモーション？

　この内的参照価格が低くなると結構やっかいなことが起きます。というのは消費者が「この商品はこのくらいの値段だ」という基準価格が下がるのですから、従来通りの価格では高いと思われてしまい、なかなかお客さんが買ってくれなくなるのです。

　ここで図16-2をご覧ください[2]。牛乳の売上を示すこの図では、棒グラフが何日間ヨコ軸の価格で売られたかの日数を示し、折れ線グラフが、低い価格から1,000人あたりで売れた本数を累積したものを示しています。累積ですから右にいくほど数値は大きくなるわけですね。この図からこの牛乳の内的参照価格がだいたい198円前後であり、これ以上の価格だとほとんど売れていないことがわかります。というのは、198円を超すと累積点数PIが増えていかないからです。

　しかしながら、価格プロモーションを行って消費者がその新製品を買ってみて試し、気に入って大いに繰り返し購買をするのであれば、必ずしも図16-1のように価格プロモーションをしても売上が落ちるとは限りま

---

[2]　著者による平成14年度酪農乳業情報センター委託調査研究より

せん。そういうわけでメーカーも店舗もたまには価格プロモーションを実施してお客さんを刺激したいと考えるときもあるでしょうから、価格プロモーションをしたら必ず内的参照価格が下がるということは非常に困ったことになります。

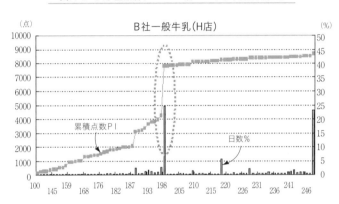

図16-2　大手量販店チェーンH店における牛乳販売状況

（注）点数PIとは1000人当たりの売上数量を意味します。

（出典：平成14年度酪農乳業情報センター委託調査研究結果より）

ではこの内的参照価格を下げない価格プロモーションの工夫なんていうものはあるのでしょうか。あれば大変ありがたいわけですね。

実は、そのような方法は存在します。これには3つ方法があるようです。**消費者への丁寧な説明**、**クーポンの利用**、**バンドル販売**です。以下、簡単に説明しましょう。

(1)「消費者への丁寧な説明」

「一定期間に限ってのお試し価格」など電車の吊し広告によくありましたよね。この方法は、消費者に通常の価格ではないことをあらかじめ納得してもらう方法なのですが、他の2つの方に比べてやや効き目は弱いようです。でもしないよりはずっとましと

いう感じの方法なのですね。

(2)「クーポンの利用」

これは消費者が店頭または商品に表示されてい
る価格を通常価格と見なすため、クーポンを使っ
て価格が安くなっても消費者の頭の中の内的参照
価格は下がりにくくなります。消費者がクーポン
を利用するときは、自分の努力であって、値引き
という感覚が薄くなるようです。これもファーストフードなどでよく利用
されている方法ですね。

(3)「バンドル販売」

この方法が、もっとも内的参照価格を下げにくい
ようです。つまりバンドルとは他の何かと組み合わ
せてセットで販売することです。こうすると組み合
わせられた複数の商品における通常価格は、消費者
にとって、どれがいくらなのかがはっきりしませんし、
セットで安くなっていればありがたいわけですから、内的参照価格は下が
りようがありませんよね。

これらはよくマクドナルドなどが使う方法です。さすが外資系です。上
手な価格プロモーションをしますね。とにかく工夫をして消費者の内的参
照価格を下げないことこそが値崩れを起こさない秘訣です。

17 消費者は得をすることと 損をすることとどっちに敏感？

上手な値上げの仕方

得と損とのインパクトを比較してみる

また先ほどのシナリオで考えてみましょう。

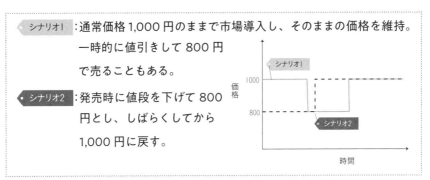

シナリオ1：通常価格 1,000 円のままで市場導入し、そのままの価格を維持。一時的に値引きして 800 円で売ることもある。

シナリオ2：発売時に値段を下げて 800 円とし、しばらくしてから 1,000 円に戻す。

| 質問 | こういう 2 つの状況に遭遇した場合、お客さんは、どちらの方に強いインパクトを感じるのでしょうか。

答え 「200円の損をする」と感じる◆ シナリオ2 に強いインパクトを感じる

通常、実は消費者にとって損をする方においてインパクトが大きいといわれています。

> ◆ シナリオ2 ：消費者が800円の内的参照価格を持つことになりました。そして価格を800円から1,000円に戻した場合、お客さんは、売場で買うか買わないかを考えます。このような状況に遭遇したお客さんは、200円の損をする実感を味わいます。
>
> ⇒　200円の損！
>
> ◆ シナリオ1 ：内的参照価格が1,000円である場合に、あるとき値引きに遭遇して800円で買えると、お客さんは、200円の得をするという実感を得ます。
>
> ⇒　200円の得！

同じ200円でも損と得とではインパクトが異なるものなのです。

一般の消費者は損を避ける傾向があり、損をする方により強いインパクトを感じるようです。これに当てはまらない人は、リスクをとって利益を得たことに喜びを感じる人ですから、ギャンブラーですよね。ギャンブラーはそれほど多くはないでしょうね。

さて「一般の消費者は損を避ける傾向があり、損をする方により強いインパクトを感じる」ということを説明する有名な理論があります。**プロスペクト理論**と呼びますが、この理論を唱えたのは、2002年のノーベル経済学賞の受賞者であるカーネマン教授と、その友人であり1996年に亡くなったトバスキー教授です。価格に関連する分野でのノーベル賞ですから、ずいぶんな偉業ですね。

この理論を図で示しますと図17-1のようになります。

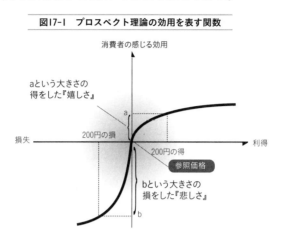

図17-1　プロスペクト理論の効用を表す関数

(出典:D. Kahneman and A. Tversky(1979), Prospect Theory :An Analysis of Decision Under Risk, *Econometrica* , vol.47, No.2, March, pp.279を修正)

　この図でのヨコ軸における右側の方向である利得(得をする)の場合、つまり参照価格より実売価格が200円安かったとき、消費者はaという大きさの正の効用、つまり「嬉しさ」を得ますが、損失つまりこうだと思っていた参照価格より実売価格が200円高かった場合、消費者はbという大きさの負の効用、つまり「悲しさ」を得ることになります。

　この関数、つまりグラフの傾きを見ますと、得をする方と損をする方では傾きの角度が違っているのがおわかりでしょうか。比べてみると損失の方においてより急であるため、インパクトの強さを比較すると、**損失の方がインパクトは強くなる**のです。

　それゆえに消費者は、同じ額であれば、損を強く感じてしまうため、損を避ける行動をとるということになります。価格プロモーションの実践、つまり値引きで売る場合、価格を戻すのが大変であることは間違いないので、値引き販売には気をつけましょう。

　またもう1つの特徴として付け加えておきますと、**効用逓減**といって、

利得の方においては次第に曲線が水平に近づいていくのがおわかりでしょうか。また損失の方においても同様に次第に曲線は水平に近づいていきます。

　この結果、どうなるかというと、たとえばある商品の買い物をして100円得をした場合の1円あたりの嬉しさの方が10,000円得をしたときの1円あたりの嬉しさよりも大きいということになります。

値上げは一気がいいのか、徐々にすべきか？

　こちらの話は、どの産業にでも当てはまる重要な話ですね。
　また前章のシナリオを利用しましょう。

質問

◀ シナリオ2 で当初に値引きをして低価格で売っていたものを通常価格に戻す、つまり値段を上げるとき、以下のシナリオ2-1のように価格を200円1回引き上げるのとシナリオ2-2のように100円ずつ2回引き上げるのとどちらの方が得策と考えられるでしょうか。

シナリオ2-1…　800円から一度に200円値上げして1,000円とする。
シナリオ2-2…　800円から100円上げて一旦900円として、しばらくおいてから再度100円上げて1,000円とする。

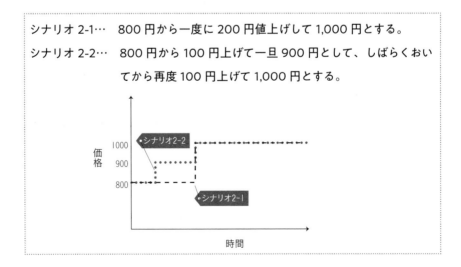

答え シナリオ 2-2 のように 100 円ずつ 2 回引き上げる方が得策

　これは一般的な値上げを実施する際でも当てはまりますね。実は、一般的にはシナリオ 2-2 のように小刻みに上げた方がいいとされています。

　というのは、価格の高低の判断基準となる内的参照価格は、どんどん修正されていくので、シナリオ 2-2 のように一度 100 円上げて、消費者の内的参照価格が修正されて 900 円になったところ、つまり 900 円に馴染んで普通の価格と感じてから再び 100 円上げて 1,000 円にすると値上げで損をしたというロスの感覚が 100 円ずつで済むことになります。**内的参照価格は新しい価格に馴染んでいく**のですね。

　そしてまた、2 段階値上げでは 100 円と 200 円の損の大きさのインパクトがもう 1 つの問題となります。今度は金額の大きさの問題です。100 円ならば「たいしたことがない」と思えたとしても、200 円は「大きい」と感じると、価格改定の際に購買拒否が起こります。そこでお客さんが離れてしまう危険性が出てくるのです。

　その状況を避けるためには、一旦、100 円上げて新しい内的参照価格をつくり、しばらくしてからタイミングを見計らってまた 100 円上げた方が得策です。上げる回数よりも上げる額が重要です。

　これを説明してくれる理論が心理学にあります。同化対比理論という理論に基づいて考えると、100 円は消費者によって同化され（今までの価格と同じようなものだと見なされ）、200 円は対比される（今までとは違うぞと判断される）可能性が高くなります。つまり「100 円の値上げだと前と変わらないよ。別にいいんじゃない。」となりやすいのですが、「200 円の値上げは効くよね。この金額は問題だよね。」となってきます。

　したがって値上げは、一度に上げてしまうよりは、何度かに分けて、インパクトの小さい額で少しずつ上げていく方がいいのです。

18 価格感度を「鈍らせる」戦略

「うわ、高っ！」を感じさせない

　消費者には、これまで述べてきました内的参照価格の周辺に、ある幅の価格感度の低い領域があるといわれています。つまり「このくらいの価格だな」と消費者が考える辺りがぼやっとしているということです。誰しも価格をそんなにキッチリと押さえているということは、まずないですよね。

　さてこのぼやっとした領域が、ビジネス上どういう意味を持つのでしょうか。実は大変重要な意味を持っているのです。

　図18-1は、前章でお話ししたプロスペクト理論の図に「内的参照価格に幅がある」という考え方を取り入れて修正を行った図です。じっくり見ていただけますか。

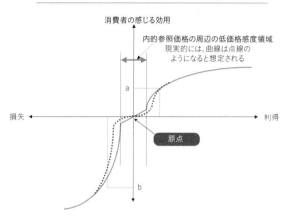

図18-1　幅を取り入れたプロスペクト理論のグラフ

(出典:D. Kahneman and A. Tversky(1979),"Prospect Theory :An Analysis of Decision Under Risk," Econometrica, vol.47, No.2, March, p.279を大幅修正)

◆原点周辺のなだらかな領域

　この図で注目するポイントは、原点の周辺の傾きがなだらかな部分です。この部分は、オリジナルのプロスペクト理論にはないので、修正を加えています。このなだらかな部分がどういう意味を持つかといいますと、この**なだらかな領域では消費者は、あまり価格差を感じない**という意味があります。価格感度が鈍い領域、**低価格感度領域**とでも呼んでおくといいと思います。

　ではなぜこんな領域が存在するのでしょうか。

　この説明は、前章で出てきました同化対比理論と、加えてマーケティングの概念であるスイッチングコストの考え方を用いて説明できるのです。以下で説明してみましょう。

　まず同化対比理論ですが、平たくいうと「遠いものはより遠く、近いものはより近く感じること」を意味しています。たとえば大教室で講義をし

ていまして、一番前に座っている学生と一番後ろに座っている学生と筆者との距離を考えると、一番前の学生までが2ｍ、一番後ろの学生までが30ｍくらいでしょうか。でもこの実際の距離よりもこの2ｍは近く思えますし、30ｍははるか彼方の60ｍくらいの距離に感じてしまいます。だからこそ歩き回ってワイヤレスマイクで講義をするのですが。

それはともかく、価格の問題で考えてみると、この同化対比理論は、**わずかな金額差ではあまり感じないけれども、大きな金額差では、よりはっきりと差を感じる**ということになります。

だから価格は「こんなもんだ」という内的参照価格である原点近辺では傾きがなだらかになるといってもおかしくないわけです。

さてもう１つの**スイッチングコスト**の考え方ですが、たとえば主婦が売場の前でカレールウを買う場面にいると想像してください。いつも買うブランドの横に違うブランドがあり、少しばかり価格が安いとします。すると

この主婦は、「もし違うブランドを買って帰ったら家族に文句をいわれるかもしれない」と思い、その安い方のブランドに切り替えるという行動を起こさないことが多いでしょう。しかしながら、もしこの金額差が大きい場合には、「私は家計を預かる身なんだから、いつもと違うブランドでも家族に文句はいわせないわ」とばかりに、普段買わないブランドに切り替える、つまりブランドスイッチングを起こすことが多いかもしれませんね。

以上の２つの理由から内的参照価格の周辺には、消費者ごとに価格感度が鈍い領域があると考えられるのです。ただし、実際には、図18-1の点線で示したようななだらかな曲線になるでしょうね。

◆**価格と売上の関係を考える**

さて、この図18-1の真ん中の2軸(利得・損失と効用の軸)を取り払って、新たに価格と売上の両軸をつくって全体を見るとどうなるでしょうか。

取り払う2軸のヨコ軸の損失方向が「価格が高くなる」状態を表し、右側の利得方向が「価格が安くなる」状態を表すと考えられます。そしてタテ軸の効用が高くなるというのが「売上増加」を表し、下方向の効用が低くなるというのが「売上減少」を表していると考えられます。

この図を紙に書いて裏から透かしてみると図18-2のようになります。

図18-2　図を裏から透かしてみると

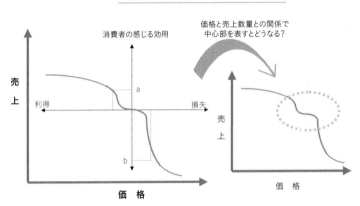

(出典:Kahneman and Tversky(1979), p.279を大幅修正)

価格と売上数量との関係で、図の右側の点線で囲んだ中心部を大きく表すとどうなるでしょうか。次ページ図18-3を見てください。きっとこのような関係になるでしょう。

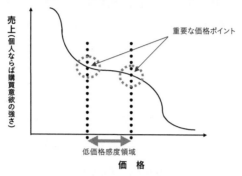

図18-3　価格と売上の関係（グーテンベルグ仮説）

重要な価格ポイント

売上（個人ならば購買意欲の強さ）

低価格感度領域

価　格

（出典:Hermann Simon (1989), *Price Management* North-Holland. を大幅に修正）

　この図18-3は、だんだん知られ始めてきている**グーテンベルグ仮説**とい
う価格と売上の関係を表した考え方にほぼ一致しています。これはドイ
ツのグーテンベルグ博士が唱えた仮説であり、現在、価格の世界をリー
ドするハーマン・サイモン博士が自身の書籍で紹介しています。

　さてこのいかめしい名前のグーテンベルグ仮説のどこがビジネス上、役
に立つのでしょうか。
　この図で特に重要な部分は、2本の垂直の点線で囲まれた部分の、消
費者にとって価格感度の鈍い領域、つまり**低価格感度領域**です。
　このグーテンベルグ仮説は、個人について成り立つと考えられているも
のですが、低価格感度領域の幅や内的参照価格は消費者によってばらば
らに異なるはずです。ここから、個人を集計して大きな集団で考える場合、
つまりPOSデータなどの売上数量でとらえた場合、このグーテンベルグ仮
説についての価格の需要曲線形が出現すれば、この低価格感度領域は、
経営上大きな意味を持つのです。すなわち、この低価格感度領域の右端
の価格が利益を高くする価格ポイントであり、また左端の価格が、プロ
モーションを行う際にこれ以下でなければ売上数量が拡大しないポイント

となるからです。

　ただしこの仮説は、実際の市場データで当てはまりにくいのです。理由は、個人によってばらばらであるということ、ライバルブランドの価格によって影響されること、非価格プロモーションや売場の変更、広告量など多くの要素が絡み合っているためです。

　そこで我々は、牛乳のデータで分析してみました[※]。北海道のコープさっぽろのデータを利用させていただき、お客さんを、その牛乳の購買価格実績値（購買価格を通常価格で割った率：価格掛率といいます）で10グループに分け、いくらの価格（正確には価格掛率）でどのくらいの個数（1日あたり）が買われたのをグラフで表しました。

　次ページの図18-4を見てください。DGWAPやDASVなどややこしい名前は置いておいて、形だけを見てください。

　適当だなと思われるかもしれませんが、グーテンベルグ曲線的な形がわかるかと思います。このグラフを見ると、価格に敏感でないグループ番号の若いお客さんほど、曲線にはなりにくく、平坦であることがわかりますが、G10の価格に敏感なグループに近づくほど曲線の形が急になるのがわかります。

　G4～G7の価格感度が中位のグループの価格の需要曲線がグーテンベルグ曲線に近い形をとるのがわかるでしょうか。

　もっときれいな形のグーテンベルグ曲線を見つけるには、個人ごとのもっともっとたくさんのデータ、つまり長期間のデータと各顧客のもっと詳しいデータが手に入らないと難しいですね。

※上田隆穂・竹内俊子・山中寛子（2019）「乳製品における消費者の低価格感度領域に関する考察 ～グーテンベルグ仮説のモデル化の試みと最高利益を生み出す（固定）価格ポイントの発見～」『学習院大学　経済論集』第56巻　第1・2合併号、pp.1-28. 平成28年度「乳の学術連合」学術研究（乳の社会文化学術研究）における助成研究

図18-4 グーテンベルグ曲線の存在と低価格感度領域の幅に関する検討

購買実績が2年間で10日間以上の顧客のみ抽出

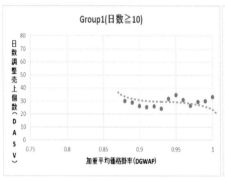

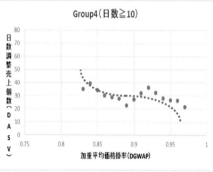

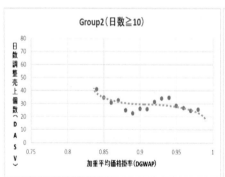

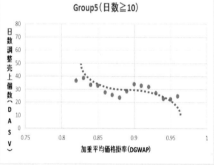

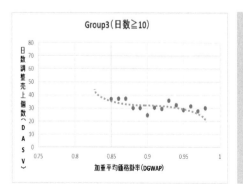

Group10になるほど傾きが急になり、
低価格感度領域の幅が狭くなる。

Group1は価格感度の低い、価格を気にしない顧客群、Group10に近づくほど価格に敏感となる。

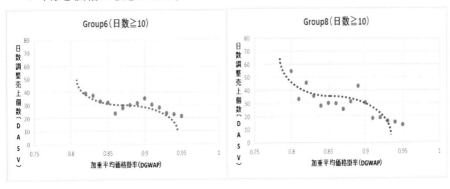

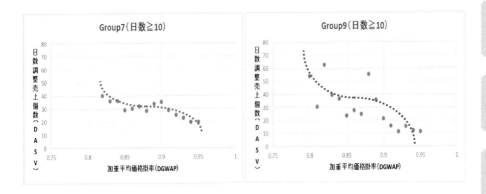

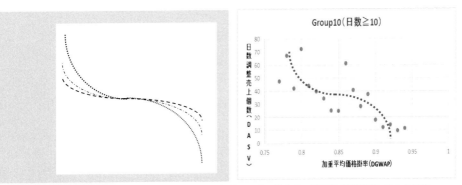

※上田隆穂・竹内俊子・山中寛子（2019）「乳製品における消費者の低価格感度領域に関する考察 ～グーテンベルグ仮説のモデル化の試みと最高利益を生み出す（固定）価格ポイントの発見～」『学習院大学　経済論集』第56巻　第1・2合併号、pp.11-12.

19

支払いのタイミングと
消費者のコスト意識

会員の継続には分割払いが一番

私は毎週2回　スポーツクラブに通ってます。
毎月会員料払ってるから もったいなくて 続けてます。
でも スポーツクラブの隣のオープンしたての
カフェのクーポン券ももらったから もったいなくて
毎回帰りに寄ってしまうんです。

☆ ちょっとぽっちゃりM子さん談

　この章では、特に会員制度で運営するサービス業について当てはまる価格と会員のコスト意識についてお話ししたいと思います。

　日本でも会員組織をとっているのは、ゴルフ、フィットネス、会話学校など各種学校、通信教育などがあり、かなり大きな産業となっています。そしてそれぞれにサービス価格である「会費」というものが存在しています。それぞれの組織では、いくらに設定するかも重要なのですが、どのような価格支払いシステムをとっているのでしょうか。

　実は、この支払いのタイミングが、会員の存続に大きな役割を果たしているのです。

一括払いと月々払い、どちらが長期利用につながるか

質問

友人同士である華さんと高志郎君は、目白スポーツクラブの年間会員になりました。会費の支払い方法は2通りあり、一括払いか毎月払いかでした。高志郎君は、一括で6万円を、華さんは毎月5,000円ずつ支払うことにしました。両者ともクラブの利用を始めました。

さて2人のどちらがスポーツクラブを定期的に利用するでしょうか。また次の年に更新する可能性が高いのはどちらでしょうか。

　2人は、金利分はともかく、同じ便益に同じ金額を支払っていますから、合理的に考えれば、華さんと高志郎君の利用率、更新の可能性は同じであると考えられますよね。

　でも本当にこの2人の施設利用率、更新可能性は同じなのでしょうか。

　実際にどうなのかを考えてみましょう。答えは次ページでお見せします。

　高志郎君は、加入したばかりの頃は金額に見合った分を取り戻さなければならないと感じてがんばるはずです。しかしながら、当初は高かった、この金額的な動機づけも「6万円を出費した」という記憶が遠のくにつれて薄れていくものです。筆者も遠い昔、英会話学校で似たような記憶があります。

一方、分割払いの華さんはどうなのでしょうか。華さんの場合は、毎月会費を払い込まなければならないため、その出費を意識し続けることになります。そのため年間を通じて、支払額に見合った分を取り戻そうと意識することになります。

　結果的に、高志郎君は、あまりクラブに通わなくなり、次第に足が遠のいていきましたが、華さんは、ずっと通い続けてスリムな身体を維持しているようです。高志郎君は、当初の出費を取り返そうと頑張りすぎたため、無理をしすぎたのと出費の痛みという記憶がどんどん薄くなっていったのですね。それに比べて華さんは、当初の勢いはそれほどでもありませんでしたが、毎月支払い続けるというコスト意識が定期的に強化され、**会費を無駄にはしたくないという強い意識**によって継続ができたようです。

答え　毎月支払う華さんが定期的に利用し、更新する可能性が高い

　このようにクラブなどの経営主体にとって、契約を更新し続けてほしいと願う場合には、どちらの支払いシステムがいいかは歴然ですね。

　このような企業にとって最も重要なことは**お客さんの継続性**です。一度入会して一括で料金をもらっても継続性のない場合には、経営はうまく続きません。あのディズニーランドもリピート顧客で支えられています。一般的に企業は、「消費者の出費の痛みは、一時で済ませ、あまり出費を長く意識してもらいたくない」という本能的な傾向がありますが、消費者は、クラブのように継続的に利用する場合、**逆に出費という行為を意識すると、そのサービスを利用しようとする**傾向があるのです。

　会費で運営されるサービス組織にとって会員がそのサービスを利用し続けて初めて、更新してくれる可能性が高くなるのですから、長期的な顧客を犠牲にしないためにも**顧客のコスト意識を時々煽る**ことも必要になってくるのです。

需要調整をも考えた会費支払いシステム

　契約更新を考えて顧客のコスト意識を煽るというのは基本ではあるのですが、結果的にあまりにクラブが混んでしまうと、利用する顧客に不満足が生じてきます。

　だとすると**支払い手段も多様化**することによって実際の利用のタイミングをコントロールできれば、需要調整と契約の更新を促すことが両立できる可能性が大きくなってきますよね。

　今度は、支払い手段を増やした例を見てみましょう※。これは、アメリカ、コロラド州のある高級スポーツクラブの会員200人の支払い記録と利用記録のデータ分析の結果です。

　このクラブ会員はすべて、年間会費600ドルで1年間の会員契約を結んでいました。クラブの料金方針により、会員は年会費の支払方法として「一括払い」「半年ごと」「四半期ごと」「月払い」という4つの方法のいずれかを選ぶことができました。

　年会費を一括払いした会員の月間利用回数は、支払い直後に最も高かったのですが、やはり出費の痛みの効果は次第に薄れていきました。会員期間が終了する間近には、まるで会費は無料であると思っているかのごとく、最初の2、3ヶ月の4分の1程度しかクラブを利用しなくなっていたということです。

　利用回数は使用直後の月に最も高く、その後は次の支払いまで徐々に減っていくという同一のパターンが、半年ごとあるいは四半期ごとの分割払いを選んだ会員の間でも見られました。半年ごとに支払う会員の場合、会員となった最初の月と7ヶ月目に、また四半期ごとに支払う会員の場合は、3ヶ月ごとに最も高い利用回数を記録する鋸歯状の利用パターンを示したのです。

これらに比べて、会費を毎月分割で支払う会員の利用パターンはより均等なものでした。

　この会員たちは、毎月会費を意識させられるため、定期的にクラブの施設を利用したようです。何とまあストレートで単純な結果ですね。この種のデータはどこの会員制組織でも簡単にとれるので、実行しない手はありませんよね。

　一応、支払いシステムと利用回数の結果を表19-1にわかりやすくまとめておきましょう。

表19-1　支払いシステムと施設利用の関係

コロラド州のある高級スポーツクラブの会員200人の
支払い記録と利用記録のデータ分析

	利用回数が高い月	利用回数パターン
一　括　払　い	支払い直後	会員期間が終了する間近には、**最初の2・3ヶ月の1/4程度しかクラブを利用しなくなっていた**
半　年　ごと	会員となった最初の月 7ヶ月目	会費支払い後、次の支払いまでに **徐々に利用回数は減っていく**
四　半　期　ごと	会員となった最初の月 3ヶ月ごと	会費支払い後、次の支払いまでに **徐々に利用回数は減っていく**
月　　　払　　　い	**月間利用回数は均等**	均等

> 月払いの会員は、クラブの施設を最もムラなく利用するため、
> 会員資格の更新につながる可能性が最も高い

（出典：ジョン・ゴービル、ディリップ・ソマン(2003)「プライシングと消費者心理」『ハーバードビジネスレビュー』
　6月号、pp.71-72.を参考に作成）

　支払いのタイミングは、会員維持率に影響を与えるため、スポーツクラブにとって重要な問題です。またこのクラブの例のように、ピークシーズンがわかっているときには、支払いシステム利用者の割合をうまく管理することによって、利用度、つまり混雑を緩和することも可能なのです。

　ゴルフの会員制クラブの場合など、特に意識して利用することが重要でしょう。うまくいけば、ピーク時に利用したいのに混雑緩和のため断られるという顧客が減り、クラブに対する満足度も上がっていくでしょう。

　価格そのものをいくらにするかだけでなく、その支払いのタイミングを調整することも経営上、実はとても重要なのです。この辺りは、デジタル時代の重要なプライシングの1つであるサブスクリプションとも関係してきますが、サブスクリプションについてはPart7で述べましょう。

Part4

利益を拡大する
価格マネジメント❶
具体的な価格戦略の基本

20

本体価格だけが
本当の価格ではない

ライフサイクルコストと知覚便益

　第1章でお話ししたように、高くても買ってくれるのはロイヤル顧客です。そしてこのロイヤル顧客づくりのために重要なのは、<u>価値をベースとした商品開発</u>の考え方です。つまり価値が高ければ、顧客は喜び、ロイヤル化しやすく、また価値に見合った支出をしてくれるのです。まさに進んで支払ってくれる価値を提供する**WTP**（Willingness to Pay）の考え方ですよね。

　では価値とは一体何かということになります。デジタル大辞泉を引いてみると次のように書かれています。

　　『1. その事物がどのくらい役に立つかの度合い。値打ち

　　2. 経済学で、商品が持つ交換価値の本質とされるもの

　　3. 哲学で、あらゆる個人・社会を通じて常に承認されるべき絶対性をもった性質。真・善・美など』

　ここで扱う価値は、『2. 経済学で、商品が持つ交換価値の本質とされるもの』が中心ですが、Ⅰ.の「どのくらい役に立つか」という使用価値も含んでいますね。なかなか価値とは奥深いものです。

　さて第3章で価値の階層構造についてはお話ししましたが、ここでは**価値工学**(VE：Value Engineering)の応用という視点でお話ししてみたいと思います。

価値を扱う学問としての価値工学

　価値工学では価値を便益とコストにはっきり分けています。おそらく価値のサイエンス的な考え方の草分けといっていいでしょう。価値工学における価値の式は、簡単にいうと、**価値＝機能／コスト**　（V＝F/C ：Value= Function / Cost ）で表しています。図20-Ⅰで示したように、機能もコストも多くの構成要素から成り立っています。この価値工学の歴史は決して新しくはありません。第2次世界大戦後、物資不足を背景にアメリカで登場したといわれています※。

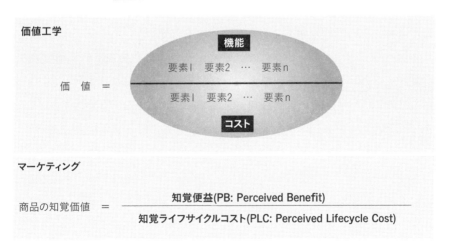

図20-Ⅰ　価値工学とマーケティングにおける価値式

価値工学

価　値　＝ 機能 / コスト （要素Ⅰ　要素2　…　要素n）

マーケティング

商品の知覚価値　＝ 知覚便益(PB: Perceived Benefit) / 知覚ライフサイクルコスト(PLC: Perceived Lifecycle Cost)

※土屋裕他（1985）『おはなし VE』日本規格協会、土屋裕監修（1998）『新・VE の基本 【価値分析の考え方と実践プロセス】』産能大学出版部.

しかしながら、なぜ他の分野で非常に重要視されたのにもかかわらず、マーケティング分野では取り入れられなかったのでしょうか。

　それは、価値工学が同じ機能を維持しつつ、材料や手法を入れ替えて、いかにコスト削減を達成するかを目的としていたため、コストをそれほど重視せず、差別化によって高価格を達成しようとするマーケティングとは相容れなかったためと思われます。目指すものが違っていたということですね。

　でも価格問題において、これからはこの価値工学はキー概念となるでしょう。簡単に説明すると次のようになります。

◆価値工学をマーケティングに応用する

　価値工学における価値の式は、前にいいましたが、価値＝機能／コスト　です。図20-1で示したように、機能もコストも多くの構成要素からなり、それぞれの機能要素がコストに対応しています。しかしながら、マーケティングにおいては、これだけでは不十分なので手直しをする必要があります。

　では、どこが不十分なのでしょうか。それは、マーケティングというものが極めて心理学的な領域に存在しているからです。

　すなわち、マーケティングにおいては、消費者は知覚（感じるということ）で行動するため、どう感じるかを重視した対応をなさねばなりませんし、しかもそのこだわりを満たす便益向上を追求しなければならないのです。つまり図20-1の下方のマーケティングにおける式に修正する必要があるのです。

　このマーケティングの式を少し詳しく説明すると、以下のようになります。

（1）**知覚便益**(提供された全商品・サービスに買い手が感じる相対的な効用)

＝商品そのものの物としての特徴＋その商品に付随するサービス的な特徴＋商品の特別な仕様に関する技術的サポート＋価格による品質イメージ・プレステージ＋その他の知覚品質

（2）**知覚ライフサイクルコスト**(商品購入の検討から購入後維持を含めた消費者の感じるコスト、心理的な苦労やリスクを感じることを含みます)

＝実際の購買価格＋スタートアップコスト(入手コスト、運搬コスト、設置コスト、注文に関するコスト、訓練のコスト)＋購買後のコスト(修繕・維持、失敗あるいは期待はずれのリスク)

　どうでしょうか。以上からいえることは、知覚便益とは、なにも商品自体だけでなく、サポートやイメージ、その他のサービスも含むということです。

　たとえばパソコンでは、機能やブランドだけでなく、見た目のカッコよさ、相談が必要な際の店員さんの知識、愛想の良さ、運搬、設定、故障したときの修理の迅速さなどが知覚便益に含まれます。便益を上げるためには、それらをひっくるめてトータルでの良さを拡大することが必要になります。

　一方、知覚ライフサイクルコストですが、これに関しては、コストは商品のコストだけに収まるわけではありません。商品購買の検討にも時間や労力などのコストがかかるわけですし、買った後ですら維持費がかかることがあります。

　たとえば、パソコンを買う場合、まず何を買うかについて情報収集を行わねばなりません。インターネットで調べたり、また電機関連の量販店へ行ってみたり、友人に聞いたり手間がかかります。また買ったら買ったで、箱から出したり、パソコンを設置する場所をつくってそこにセット

したり、各種設定をしたり、出たゴミを捨てたりせねばなりません。また買ってみて思ったような働きをしてくれず、失敗だったというリスクもよくあることで、故障すれば、その都度、買った店まで運んで行かねばなりません。こう考えるとパソコンを買うのも一苦労であり、いいことばかりではなく、大変な手間暇がかかります。

　このような多種存在するライフサイクルコストを、財務でやるような割引現在値での購買時点でのコストにします※。

　コロナウイルス時代のマスクで考えるとどうでしょうか。便益では、その機能(何層構造であるか、フィット感、形状、色等)、ブランド(アイリスオーヤマなどの国産や珍しさと信頼性からシャープ製等が高い人気を得て価格が高くても売れています)等から成り立ち、ライフサイクルコストは、入手のコスト(当初なくて大変でしたね。リアル店舗かネット販売か、入手までの時間)、価格(需要と供給の関係で急激な値上がりと余ってきてからの値下がり)、廃棄のコスト(注意深い捨て方)等考慮に入れて、知覚価値が決まったものです。しかし、このときは圧倒的に需要と供給の関係が強く作用し、価格は高かったですね。

　先ほどもお話ししましたが、顧客のロイヤル化には、商品の知覚価値を上げる必要があります。そのためには、知覚価値式の分子である知覚便益を高め、分母である知覚ライフサイクルコストを下げる努力をしなければならないのです。第3章で述べた価値の階層構造を併せた知覚価値の知覚便益、知覚ライフサイクルコストの図を図20-2に描いておきましょう。

※割引現在値とは、将来発生する出来事の将来における価値を金額ベースで利子率によって現在価値に割り戻し、現時点での金額ベースで表すことです。

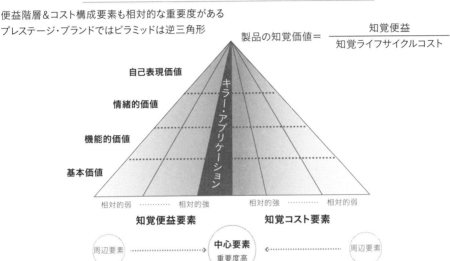

図20-2　知覚価値の構成：知覚便益・知覚コストの分割、要素明示

便益階層＆コスト構成要素も相対的な重要度がある
プレステージ・ブランドではピラミッドは逆三角形

製品の知覚価値＝ $\dfrac{知覚便益}{知覚ライフサイクルコスト}$

自己表現価値
情緒的価値
機能的価値
基本価値

キラー・アプリケーション

相対的弱 ……… 相対的強　　相対的強 ……… 相対的弱

知覚便益要素　　　　知覚コスト要素

周辺要素 ……… 中心要素 重要度高 ……… 周辺要素

　この図で知覚便益は左側に位置し、上から**自己表現便益**、**情緒的便益**、**機能的便益**、**基礎便益**となります。そして頂点から降ろした垂線に近い所から便益もコストも相対的な強さは大きく、離れるほどに小さくなっていきます。したがって、中央に近い便益要素はキラー・アプリケーションであり、強力といえます。

　実際の知覚価値づくりにはこの図を用い、便益・コストの要素を置いて図を埋めていけばよいでしょう。

　もう少し知覚ライフサイクルコストについて触れておきましょう。

知覚ライフサイクルコストを下げて価値を上げる

　先ほどお話ししたように、これには、実際の売値のみならず、入手活動をする等の心理的なコストも含んでいます。したがって、高めの価格を受容してもらうためには、価格以外の消費者が負担に感じるコストを可能な限り縮小して価値を上げていくことが必要です。つまりこの知覚ライフサイクルコストを下げることだけでも価格を上げることが可能になるのです。

　具体的にどうするかというと、パソコンを買う話を例にとると知覚ライフサイクルコストを構成するコストを洗い出し、それが金額換算でいくらになるかを計算します。そしてそれらのコストを何とか企業努力で小さくしていきます。

　たとえば、図20-3のようにメンテナンスコスト等の金額換算購買後コストを3万円から2万円と1万円小さくし、据え付け、設定コストの3万円を2万円に小さくできれば、購買価格を4万円から6万円に上げても、知覚ライフサイクルコストは、変化しません。つまり新しい知覚ライフサイクルコスト構造では、以前よりも2万円ほど値上げすることが可能になるのです。

　しかしながら現実的な価値アップ戦略のために、知覚ライフサイクルコストの合計圧縮分よりもやや小さく購買価格を上昇させて少しトータルコストを下げるのが商品価値を上げるためにはベストとなることが多いのです。

　こうすることで全体の知覚ライフサイクルコストが減少するので、逆に価格は上昇させることが可能となるのです。何ともこれは企業にとって素敵な話ですね。これは、メーカーだけではなく、流通サイドにとっても同じことがいえますよね。

図20-3　知覚ライフサイクルコスト要素観点による受容価格の拡大

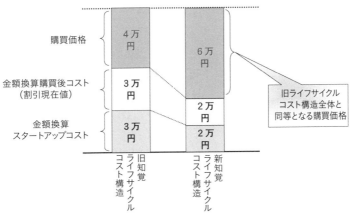

（出典:Monroe(1990)，*PRICING: MAKING PROFITABLE DECISIONS, Second ed*
McGRAW-HILL SERIES IN MARKETING,p.96を元に作成）

21 価格－品質志向バランスへの価格対応はどうすればいいのか？

価値を感じて支出してもらうには

貧困の連鎖層

このパソコン ジャンクで安く1万円で買ってぇ～。メモリも買って増設したのよ。プリンタもジャンクなんだけど一、すぐ壊れたからまだ買い換えなきゃ…デジカメもほしいけど、このwin95で使えるのがなかなかないのよ～。

　商品に対して消費者が感じる価値を高めて利益を上げるためには、やはりそのための枠組みを考えなくてはいけません。誰もが価値を感じて支出するわけではなく、またそうかといって皆が価格ばかりにこだわるわけでもないのです。第5章で価格の品質バロメーターとプレステージ性に関するお話をしましたが、ここではもう少しざっくりと大きな視点で見てみましょう。

感じる価値を上げるための枠組み　※

　図21-1を見てください。この図は、タテ軸に価格を表しており、相対的に商品・サービスが「高い・中くらい・低い」と分かれています。またヨコ軸は品質を表しており、左から「低い・中くらい・高い」と分かれています。この図は高・中・低の3×3の組み合わせからなるマトリックス（表のこと）に

※ この辺りの議論は、Bill Dodds（2003），MANAGING CUSTOMER VALUE, UNIVERSITY PRESS OF AMERICA で説明がなされています。

なっています。

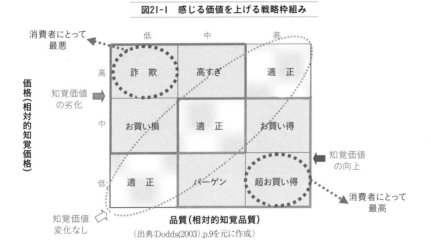

図21-1　感じる価値を上げる戦略枠組み

（出典:Dodds(2003),p.9を元に作成）

　この図において、一番右下のマス目(セルといいます)は、品質が高くて、価格が安いわけですから、「超お買い得」となっています。逆に左上のセルは低い品質で高い価格を付けているのですから、これはもう「詐欺」と呼んでいいかと思います。同じ要領で組み合わせのネーミングがなされています。ここで右斜め上への対角線方向に位置するのが、「適正」の３つです。「高品質・高価格」、「中品質・中価格」、「低品質・低価格」の組み合わせですから、納得できるでしょう。

　さてどうしてこれが価値を上げるための枠組みになるのでしょうか。それは、「**お買い得**」、「**バーゲン**」、あるいは場合によりけりですが、「**超お買い得**」という価値を上げる３つの方向性が示されているからです。ちょうど右下の３つのセルがそれを表しています。ですから、この**３つの方向性**がそれぞれ有効に働くターゲットを選び、いかにして感じる価値を上げることができるかを考える努力をしなくてはいけないわけです。

　このターゲットには、価格はそのままで品質が上がったと感じてもらっ

て対応するのか、それとも品質はそのままで価格が下がったと感じてもらう形で対応するかです。「超お買い得」となるためには、品質が上がったと感じてもらい、かつ価格が下がったと感じてもらわないといけませんが、何かの革新がないと難しいわけであり、実現できれば強力なインパクトを持ちます。ですから、大抵は、「お買い得」か「バーゲン」が多くなります。

1つだけ注意を促しておきますが、品質と知覚品質とは違います。「知覚」がつくと「感じる」という意味がつくわけですから、**実際に品質が上がってなくとも、上がったと感じることがある**のだということを忘れないでください。今までお話ししてきたオケージョンやカテゴライゼーションの話などはこれに当たる、というのを思い出してくださいね。

枠組みに沿った消費者分類の構図

上でお話しした価値を上げる戦略では、対応しがいのあるように消費者をグループ分けすることが重要となります。ちょっと表現しにくいので、図21-2を見ていただきたいと思います。

この図において、ヨコ軸は価格を表しており、右にいくほど価格は高くなります。またタテ軸は、提供品質とサービスを表しており、やはり上にいくほど高くなります。この図中の右上がりの曲線は、どんな意味を持つかというと価格と提供品質との対応関係を表しています。つまり、この曲線の始まる左下の方は、提供品質も価格も低い組み合わせの商品を意味しており、右上にいくほど、提供品質が高く、価格も高い商品の組み合わせを表しています。ずーっと右にいけば、曲線はだんだん横ばいになっていますから、価格がある程度以上高くなっても提供品質があまり変わらないということを意味しているわけです。

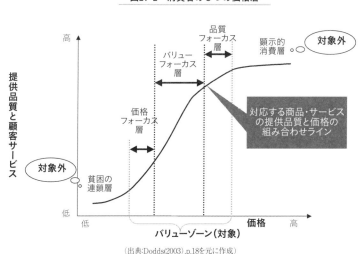

図21-2　消費者の３つの価格層

(出典:Dodds(2003),p.18を元に作成)

　この感じる価値向上のための戦略が意味を持つ消費者層は、**提供品質と価格がちゃんと交換できる範囲内**にいる層となります[※]。この範囲内を示しているのが、この図21-2における**バリューゾーン**です。「交換できる」とは、提供品質が上がれば、そのぶん価格が高くなってもリーズナブルだと思う消費者層であり、この範囲から外になると、そういう提供品質と価格とが対応しなくなり、手の施しようがないか、あるいは手を施す必要がなくなるのです。誰にどういう価格と品質の組み合わせを提供するかが、ざっくりとこの図からわかります。

◆分類される消費者層：両極

　この図を使ってさらに詳しく説明しましょう。

　ヨコ軸上のゾーンの外側の両サイドには**対象から外れるセグメント**がいます。左端は、「**貧困の連鎖層**」と名付けられており、安物しか買う余裕が

※ Dodds（2003），p.18.

なく、安物買いをすることにより、買ったものがすぐダメになり、また買い換えざるを得ず、更なる貧困に陥る層とされています。たとえば、安物の車をローンで購入し、修理もできないほど駄目になってしまい、なおかつローン残があるなど…まさに悲惨を絵に描いたような消費者層となります。まさに手の施しようがありません。

では反対の極はどうなのでしょうか。こちらサイドは、「**顕示的消費層**」（顕示的＝みせびらかし）と命名されており、この層は、怪しげな価値を持つ提供品質のためにお金をつぎ込みすぎる消費者の層であると分類されています。分別ある消費者であれば不要と思われるものなのに、そういうものに目がくらんでしまい、惜しげもなく支出をしてしまうという消費者層です。このセグメントは、価格なんかある程度どうでもよく、まともな価値向上戦略の対象外となってしまいます。たとえば、超プレミアムブランド・ユーザーの次の言葉はまさにそれを物語っていますね。

「ルイ・ヴィトンという夢を買うんだよ。セクトに属しているようなもので、値段が高いほど喜んで買ってしまうよ」[※1]。この層に関しては、他の層ほど商品に手を施す必要はありませんね。まさに一度この顧客層を獲得すれば、利益の源泉となる夢の顧客層です。

分類される消費者層：戦略枠組みの対象とする中間層

続いて、図で示されたバリューゾーンにある価格フォーカス、品質フォーカス、バリューフォーカスのそれぞれの消費者層を見てみましょう[※2]。

（1）価格フォーカス層

バリューゾーンでも「貧困の連鎖層」の隣に位置しています。この消費者層がいる市場では、**価格が提供品質よりもずっと効き目があります。**

※1　日経ビジネス、2004年3月29日号、p.181.
※2　Dodds（2003）, pp.19-20.

需要拡大の有力な選択肢がほぼ価格のみということもあり、価格を一定
に保ち、製品の提供品質を向上させるという戦略
は、それほど効率的ではないようです。これでは
企業利益率を下げることになりますし、また価格
を下げないで製品の提供品質を下げることは長期
的に顧客満足を低下させてしまい、顧客離れを少
しずつ起こすことになります。

　価格と提供品質を同時に変化させる場合には、両方の効き方のバラン
スに注意して価値増大方向に変化させる必要があります。たとえば、価
格を下げ、提供品質を下げるという究極の場合には、価格を下げる効果
がプラスに作用する割合が大きいため、提供品質の低下を少なめにして、
価格をそれ以上に下げることによる価値増大の可能性もありえるのです。
わかりやすいですね。

(2) 品質フォーカス層

　この消費者層のいる市場は、顕示的消費、つまり見せびらかしたい消
費を行う層がいる市場の左隣に位置します。ちょうど価格フォーカス層
とは逆になるわけですね。すなわち**提供品質効果が価格効果よりずっと
大きい**層です。価格を下げてもそれほど価値増
大がないのですが、それに対し、提供品質拡大
の効果は大きいわけです。特にプレミアム製品
市場では、商品の提供品質を上げて価格を上げ
るというように両方上げることは、エコノミー製
品市場よりもずっと容易であることになります。

　この場合にも、工夫はありでして、価格の上
昇以上に品質の上昇幅を大きくしておくとこの消費者層の満足は大きく
なります。こだわりの大きな層にありがちですね。

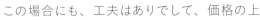

(3) バリューフォーカス層

　この消費者層は、バリューゾーンのど真ん中に位置します。この消費者層がいる市場では、**価格と提供品質の効果がほぼ均等**であるということになります。低価格で標準的提供品質の商品や標準的価格で提供品質の高い商品を出すという両方の方法が、商品を市場に導入する際に

エントリー戦略でよくとられますが、これはこの消費者層で効果的となります。一般的な消費者層ととらえるべきでしょうね。

　以上のように価格と提供品質の効果からセグメントの特性を捉えた上で価格−提供品質の価値向上戦略を実施するためのアプローチをする必要があります。

　しかしながら、経済の好不況によって、この消費者層の割合は変化しますし(つまり消費者が移動するということ)、消費者ごとにも、その商品カテゴリーへのこだわりの大きさによって、3つの消費者層の違う層に入ることがあるということも忘れてはいけません。たとえば、鉄道好きの鉄っちゃんは、通常の商品カテゴリーではバリューフォーカス層であっても、鉄道商品・サービスについては品質フォーカス層である可能性が高いですよね。

22 価格から見た 新製品開発へのアプローチ

価格の「支出の痛み」と「品質バロメーター」で消費者を分類してみるとターゲットがわかる

　この章では、第5章で説明した価格の3つの意味で消費者が測れるかどうかを考えてみましょう。

　実際には簡単に測れるのです。

　また今回は、「支出の痛み」と「品質バロメーター」で第21章の価格フォーカス層、バリューフォーカス層、品質フォーカス層が具体的に明示できることを示してみます。これにより、価格から見た新製品開発へのアプローチが可能になることがわかると思います。

　価格には「支出の痛み」、「品質バロメーター」、「プレステージ性」の3つの意味がありました。もしこれらを測るような「ものさし」があれば、消費者一人一人を具体的に測り、あなたはこの層に属していますよと指摘することができるのです。もっとも消費者にはありがた迷惑でしょうが、企業にとってはものすごく有用なこととなります。

ではどんな質問項目でこのようなことが可能となるのでしょうか。

これは筆者の前著[1]で詳しく説明しており、専門的な説明はそちらに詳しく書いてありますので、ご覧いただきたいと思います。これに依拠して簡単に説明していきます。

3つの意味を測る質問項目

具体的な質問項目(専門用語では測定尺度と呼びます)は、私たちが行った研究[2]において、多くの質問項目から統計的な手法を用いて絞り、検討を重ねた上で、以下のように開発されています。ただし、学生をアンケート対象として用い、商品は、「学生が買えて、しかもある程度関心を持つもの」としてスニーカー、ボールペンとしました。これらで共通して使えるものを絞って残した質問項目は以下のようになります。

これらの質問項目は、多くの種類の商品を対象としたときでも一般消費者に対して利用してもいいと思いますし、今まで企業と一緒に数多くの商品を対象として実践的に利用し、その有効性は間違いないと確信しています。

でも項目は、対象となる商品カテゴリーごとに多少アレンジした方がいいですね。以下の項目はビジネスにかなり有効に使えますよ。

---

(1)「支出の痛み」を測る4項目

①どのくらい安くなっているかが気にかかる

②価格の変化をまめにチェックする

③どこでも買えるならばディスカウントストアで買う方がいい

④バーゲンや特売があるときに購買する

※1 詳しくは上田隆穂 (1999)『マーケティング価格戦略』(有斐閣)、第4章、第6章を参照してください。

※2 上田隆穂・斉藤嘉一 (1999)「価格関与尺度開発の試み」『学習院大学経済論集』36 (1)、43-68.

(2)「品質バロメーター」を測る３項目
①高い商品は品質がいいと思う
②安物を買って後悔したくない
③高い商品を買っておけば面倒がなくていい

(3)「プレステージ」：3項目
①正直にいうと、他人に印象づけるために私は高い商品を買う
②価格の高い商品を買うことによって、他人に自分を印象づけることができる
③他の人たちが私よりも高い商品を買っているかどうかは時々探ってみたくなる

　これらの質問項目に関する消費者個人の位置づけの具体的な求め方としては、７点尺度(「全くそう思う」7点〜「全くそう思わない」1点)等で各項目に点数をつけてもらい、個人ごと、次元ごとに平均して表示すればよいのです。

消費者を価格の意味でつくられる空間に位置づける

　これらの質問項目を利用して、ターゲットとなる消費者層がすでに決まっていれば、提供する製品の価格を大まかにどうすればよいかの指針を導き出すことが可能となります。この章では、最寄り品を念頭において、「支出の痛み」と「品質バロメーター」の2つの軸で考えることにします。

　わかりやすく図でこれを考えてみましょう。次ページの図22-1を見てください。

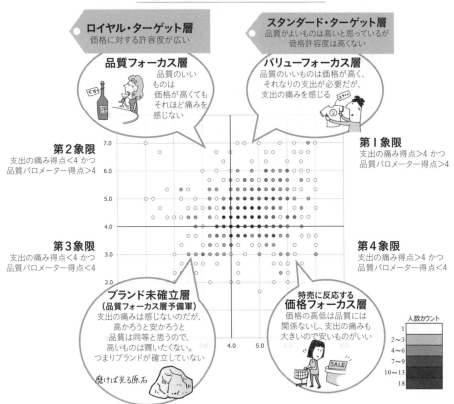

図22-1　価格関与マップで見た消費者層

この図は、ヨコ軸に支出の痛みを、タテ軸に品質バロメーターの尺度を持ってきています。先ほどの質問項目の回答者ごとの平均値を図の上にプロットしたのがわかると思います。濃い●は重なる度合が高いことを表しています。

この図で、第1象限に来るのは、支出の痛みも品質バロメーターも高い平均値の消費者です。つまり、「お金を払う痛みは大きいけど、いいものは高い」とわかっている消費者がきます。これらの消費者層はやはり、バリューフォーカス層となりますね。一番スタンダードなターゲット層に

なるでしょう。

　次に第2象限を見ましょう。ここには、支出の痛みは小さく、品質バロメーター平均値が高い消費者層がきます。つまり、お金を払うことに別に痛みは感じないし、いいものは高いと理解している消費者層が来るので、とてもいいお客さんになる可能性が高いといえるでしょう。だから品質フォーカス層であるし、ロイヤルなターゲット層になる可能性が高いのです。大事にしないといけませんね。

　次は先に第4象限を見ましょう。ここは、支出の痛みは大きく、品質バロメーターの平均値は低い消費者層が来ます。つまり、低価格を好み、品質がいいものであろうと悪いものであろうと価格と関係は小さいと考える消費者層です。当然、ここには価格フォーカス層が入ります。

　ちなみに第3象限ですが、ここに入る消費者層は、「支出の痛みは小さいけど、品質のいいものであろうと悪いものであろうと価格に関係ない」と考える層となります。まだまだブランドが未確立、つまりいいものも悪いものもあまりわかっておらず、割とリッチな層なのでしょう。つまり**磨けば光る原石**ですね。ここには早めにアプローチして、消費者教育をして将来のロイヤル・ターゲットにしていくことがいいかもしれませんね。

　皆さん、どうでしょうか。

　大事な消費者分類が簡単にでき、価格によるターゲットの決め方ができると思いませんか。企業は、現在の自社の顧客がどのようなところに多いのかを知るのにとても重要な調査ができることになります。

　もし自社の顧客が、一般消費者の中で、企業の意図に反して第4象限に集中している場合には怖いことになりますね。顧客のPCR検査みたいなものなので、一度やってみたらどうでしょうか。

企業の目的と人々の価格感度を
つなぐ顧客対応型価格戦略分類
テリスによるプライシング戦略

第21章でざっくりとした価格戦略について述べましたが、ここではより詳細かつ具体的な価格戦略の分類についてお話しします。

過去の数多くの調査研究(といってもほぼ海外の調査研究ですが)は、どのような観点で価格戦略が分類されているのでしょうか。いくつか以下に示しておきましょう。

(1)**製品カテゴリー特性**による分類：よく知っている財、経験しないとわからない財、経験してもわからない財で価格戦略が違うという分類

(2)**製品ライフサイクル**による分類：新製品の導入期、成長期、成熟期、衰退期で実行するべき価格戦略が違うという分類

(3)**消費者特性・企業目的**に基づく分類

これらが主な分類の切り口となります。どれも興味深い分類の切り口

郵便はがき

112-0005

恐れ入りますが
切手を貼って
お出しください

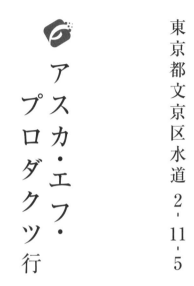

東京都文京区水道 2 - 11 - 5

アスカ・エフ・プロダクツ行

Closer Publishing ～出版をより身近に～

明日香出版社グループ

〒112-0005 東京都文京区水道2-11-5
☎03-5395-7660　FAX 03-5395-7654
https://asuka-f.co.jp

企業出版・自費出版
引き受けます!

PR出版　　自分史

記念出版　　　　　　　趣味書

あなたの「想い」が

テキスト　**1冊になる**　新聞広告も

社内報　　　　　　　　電子出版

Amazonでも　　書店での展開
購入できる　　　はお任せください

資料請求はがき(見積もり・ご相談無料)

ふりがな お名前	
ご住所	郵便番号(　　　　　　) 電話(　　　　　　)
	都道 府県
メールアドレス	
ご要望	

なのですが、最後の「消費者特性・企業目的に基づく分類」が非常に具体的で実戦的ですので、この章は、これについてお話ししていきましょう。

この分類は、いささか古くなりますが、今なお有用性の高い、テリス（1986）という学者による分類です[※]。新しい価格戦略分類は、それ以降出ていないような気がします。

この分類は、先ほど触れた製品ライフサイクルの各時期で採られる価格戦略も含んでおり、これまでの分類に比べると最も詳細な分類だと思います。もっとも「完璧」というわけでもなく、現時点では「一番いい分類」というべきかもしれません。また分類した価格戦略に適切なネーミングをしており、個別の価格戦略のイメージを思い浮かべやすく、価格戦略をいろいろ使い分ける操作性を上げた点も貢献は大きいと思います。

テリスによるプライシング戦略の分類

まずは、次ページの表23-1を見てください。

この価格戦略分類のための主たる基準なのですが、大きく、企業目的と消費者(セグメント)特性の組み合わせで分類されています。まず企業目的から見ますと、以下のように3つに分けられます。

(1) 消費者セグメント間で異なった価格を設定する**差別化プライシング**

(2) 競争が激しい場合、優勢な地位を獲得するための**競争的プライシング**

(3) 複数の製品ライン（同種の製品や関連はあるが異なった製品）を持っている場合、これらの間での価格バランスをとるための**製品ラインプライシング**

（1）の**差別化プライシング**とは、基本的に同じブランドを異なる消費者に対し異なった価格で売ることです。(2)の**競争的プライシング**とは、競争的

※ G. J. Tellis(1986), "Beyond the Many Faces of Price : An Integration of Pricing Strategies," Journal of Marketing, vol.50, pp.146-160.

な地位獲得のために高くもしくは安く価格を設定する方法です。そして**製品ラインプライシング**とは、複数の製品ラインを持つ企業が、「複数ブランドが相互にどの程度関連性を持つか」を考慮して各製品ラインの価格を決めることです。

　以上の(1)から(3)の分類は決して相互に重なりがないわけではなく、複雑にはなりますが、組み合わせて用いることもあります。

表23-1　テリスによる価格戦略の分類

	企業の目的		
	消費者セグメント間での差別価格	競争的地位の獲得	製品ライン間での価格バランス
高い探索コストを持つセグメントがある場合	ランダム・ディスカウンティング	価格シグナリング	イメージ・プライシング
低い留保価格を持つセグメントがある場合	経時的ディスカウンティング	浸透価格、経験曲線プライシング	価格バンドリング、プレミアム・プライシング
誰もが特別な取引コストを持つ場合	第二市場ディスカウンティング	地理的プライシング	補完的プライシング（二面プライシング・虜プライシング）

> 高くても買う人々がいる
> 安さを好む主力の人々がいる
> スイッチング・コストが高い等

(出典:テリス(1986),p.148を修正)

　次に、消費者側からも、その特性に基づいた以下の3つの分類がなされています。

(1) 消費者が価格を調べるのにかかるコスト、つまり**探索コストの違いを利用したプライシング**

(2) **留保価格**という消費者が支払ってもいい上限の限度価格**の違いによるプライシング**

(3) 消費者の商品取得にかかわる多様なコスト、すなわち**取引コストの違いを利用したプライシング**

　(1)の**探索コスト**とは、どのメーカーがどんな製品を生産しており、それ

らがどんな特徴を持っているのか、どの店で買えば安くなるのかの情報探索をするためにかかるコストです。多忙であるなど時間あたりの機会費用（時間あたりの所得のようなもの）の高い消費者は、情報探索に十分な時間をかけない、あるいはかけられないため、情報が不十分のままでも、「これでいい」とばかりに製品を購入することが多いようです。最近はweb検索が一般的になってきたため、このコストはだんだん小さくなっています。特に若い人々には低くなっていますね。でも実際、手に取ってみないといけないような経験が必要なものは、誰にとってもコストは高くなります。

(2)の**留保価格**とは「この製品はこれぐらいの値段が適当だろう」と消費者が感じる価格幅の上限を意味する価格です。つまり「これ以上は出さないよ」という価格です。消費者がこの留保価格を超えて購入することは少ないのです。消費者の留保価格が低い、つまり出せる金額が低い場合に、あたり前といえばあたり前ですが、消費者は価格にかなり敏感となります。

次に(3)の**取引コスト**ですが、消費者には(1)の探索コスト以外に、製品購入のために必要な**移動コスト**、購入しても要らない商品だったという**投資リスク**、**スイッチングコスト**（通常使用しているブランドから他のブランドへの乗り換えにおける心理的抵抗、手間、金銭的負担などの意味）など、価格以外にも取引コストがかかります。とくにネット購買が増えているこの頃では、購入しても使えない商品だったという投資リスクは大いにありますね。筆者も自転車の電動空気入れをネットで買ったものの、全く使えなかった経験があります。

これら企業および消費者の2次元での3×3の分類を組み合わせると9つのセル（マス目）ができます。それぞれのセルに適した価格戦略を当てはめたのが先ほどの表23-1となります。ちょっと長くなりましたので、章を改めてそれぞれの価格戦略を説明しましょう。

24 テリスの価格戦略分類の内容❶
差別化プライシング

個別の客に、差別していく価格戦略

　この章では、先ほど概要を述べたテリスの価格戦略分類表の中身について事例を交えながらお話しします。表23-1の順にしたがって、説明します。

①ランダム・ディスカウンティング

　このプライシングを成り立たすことのできる前提は、情報を求めて買い回る熱心な消費者層がいて、その一方であまり熱心ではない消費者層が存在するということです。熱心に情報収集の努力を行う消費者には、買い回りをするわけですから、安い価格で購入するチャンスが多くなるのですが、そうでない消費者は、遭遇した最初の価格で買うことが多いため、高い価格で購入することが多くなる状況をつくり出す価格戦略となります。

　このような状況は流通サイドではつくり出しやすいのですが、メーカーの場合にはどうなるでしょうか。

同様の状況は**クーポン**や**キャッシュバック**などで当てはまります。皆さんは、クーポンやキャッシュバックはご利用でしょうか。時間のない人々は、これらは面倒で使わないことが多いため、熱心に使うこれらの利用者よりも大きな利益をメーカーに与えていることになりますね。メーカーにとってはありがたいお客さんとなります。

昔、ロサンゼルスにいた頃、毎週月曜日にはクーポン券が印刷された折り込みチラシがドサッと新聞に入っていました。熱心なお客さんは、丹念にクーポンを切り抜いて、山ほどクーポンを持ってレジで並んでいました。それとクレジットカード利用のためレジ待ち時間が長く、買い物はいつも大変だった想い出があります。

②経時的ディスカウンティング

この戦略は当初、高価格に設定するのですが、時間の経過とともに徐々に価格を下げていくものです。

新製品を導入するとすぐに飛びついて購入する層に高い価格で販売して、こういう人々が皆一通り買ってくれて、一巡したところで次に１段階下げた価格で購入してくれる層に販売するという価格戦略です。そしてある程度の低価格になるまで、これを繰り返すのです。

この戦略では、当然ですが、価格の高い初期ほど大きな利益を上げられます。しかしながら、激しい競争的な参入があるようなところでは、この方法は危険になることがあります。高い価格のままでは安売りに負けてしまうことがあるからです。

ですから、このリスクを小さくするため、激しい参入が早い段階で予想される場合には、当初から価格を低く設定し、初期のシェアを大きくとることを目論んで、事実上の規格となる、いわゆる**デファクト・スタンダードを獲得**して競争を有利に展開すると共に、ライバル企業にとって

新規参入しても魅力がないと思わせるように努め、できるだけライバルである**競争企業の参入を遅らせることが重要**になってきます。追随する他企業の参入があると価格競争が激しくなり、価格が大幅に低下して利益が出なくなってしまうことがありますから。

　この経時的ディスカウンティングは、映画のロードショー、２番館・３番館での上映、DVDレンタルと次第に価格が下がっていく例が典型的です。最近ではNetflix（ネットフリックス）やAmazonのPrimeVideoでも基本料金で見放題の映画が増えましたね。コロナで巣ごもりの時代には大人気です。書籍でも同じで、ハードカバーの出版からはじまり、ソフトカバー、文庫本、ネット上の読み放題版へと低価格化が進みます。ただし、人気のある本に限られますけどね、羨ましいですが。

　またこの戦略には最初、高価格を設定する**スキミング価格**（上澄み吸収価格ともいいます）を含んでいます。この価格戦略は、経時的ディスカウンティングを意識している戦略ですが、ちょっと変わった価格変化の事例がありますので、見てみましょう。

　それはiPhoneの価格推移です。経時的ディスカウンティングという次第に価格を下げていく事例とはまだいえないのですが、この価格推移はいささか変わっているので面白いですね。ブロガーの方がまとめられたものですが、表24-1にその価格推移が載っています※。

　この表でドルベースの方をご覧ください。ドルと円の為替レートの変化の影響を受けないので、純粋な価格変化がわかりやすいのです。表の上から時系列に発売されたiPhoneが並んでいますが、2017年発売のiPhone Xから価格が急に上がっていることがわかりますね。考えてみれば、発売後から2019年の幅でスキミング価格だったのかもしれませんね。

　その後、あまり変化がなく、2020年発売のiPhone SE（第2世代）でそれま

※　ブロガーであるアナザーディメンションの運営者・戸井 健吾氏のまとめ。 https://estpolis. com/2016/08/31894.html より　条件としては、発売開始時の価格、Apple が販売する SIM フリー版の価格、ストレージは最小ストレージ (発売当時) となります。

での999ドルから急に399ドルに下がっています。iPhoneはそれまで非常に強いブランド力を誇っていますが、市場競争力が弱くなってきたのか、シェアを維持するためにSEから急に大幅ディスカウントを始めたのかもしれませんね。このSEから経時的ディスカウンティングが始まるのか、あるいはこの廉価版を出して、後から価格の高いプレミアム版を出して、市場を高価格対応と低価格対応と分けてそれぞれの製品＆価格で対応していくのかもしれません。これは今後をウオッチしないといけませんね。筆者のスマホはiPhoneではないのですが。

表24-1　iPhone SE（第2世代）

年	モデル名	日本の販売価格	アメリカの販売価格	最低容量
2010	iPhone 4	46,080円		8GB
2011	iPhone 4S			
2012	iPhone 5	51,360円		
2013	iPhone 5s	71,800円	649ドル	
2014	iPhone 6	67,800円		16GB
2015	iPhone 6s	86,800円		
2016	iPhone 7	72,800円		32GB
2017	iPhone 8	78,800円	699ドル	
	iPhone X	112,800円	999ドル	
2018	iPhone XS	112,800円	999ドル	
	iPhone XR	84,800円	749ドル	
2019	iPhone 11	74,800円	699ドル	64GB
	iPhone 11 Pro	106,800円	999ドル	
2020	iPhone SE(第2世代)	44,800円	399ドル	

（出典：https://estpolis.com/2016/08/31894.htmlを一部改変）

③第2市場ディスカウンティング

このプライシング方法は、変わったネーミングですね。第2市場というからには、第1市場があり、そちらの方がメインになるということです。第1市場と第2市場をつくり、両方でより利益を大きくしようということなのです。

消費者特性、たとえば学生、子どもあるいはニューメンバー等によりつくられたグループ、つまりマーケット・セグメント、あるいは外国を第2市

場として、主たる市場である第1市場よりも低価格で製品を販売することを意味しています。

　このプライシングの前提は次のようになります。それは、主たる市場である第1市場が存在し、企業が第1市場のみでは生産能力が余っており、未稼働な生産キャパシティを持つ（フル稼働していれば追加生産は、更に生産設備投資を行うなど大きな固定費を追加する必要があるから）こと、加えて消費者に取引コストが存在する（たとえば外国を第2市場とした場合、外国へ製品をわざわざ安く買いに行くには移動コストが高く割に合わない、つまり第1市場のお客さんが第2市場へ逃げないことが必要）ことです。

　第2市場で安く売ることができる仕組みは、生産などにかかる固定費の配分をすべてもしくは多くの割合を第1市場のお客さんに負担してもらうことにより、第2市場のお客さんには固定費をほとんど負担させずに変動費分（原材料代など）プラス小さな利益で売るというものです。だから驚くほどの低価格で販売することが可能となるのです。そして第1市場と第2市場を合わせて、全体として生産量を上げ、利益を拡大していくのです。

　事例としては、映画館の入場料や鉄道運賃等で見られる学割や需要の低い時期・時間帯で低料金を設定する航空料金もこれにあたります。また外国に変動費＋利益で安く売るとダンピング問題に引っかかることがあり、この場合には細心の注意を払わねばなりません。アメリカなどは大変厳しいので有名です。でも抜け道はどこにもあるものですが。筆者も大学の教員ですから、授業で使えそうなソフトウェアは、アカデミック・ディスカウンティングで時々安く買えます。ありがたいことです。

25 テリスの価格戦略分類の内容❷ 競争的プライシング

競争相手よりも優位に立つための価格戦略

さてこの章では、競争を特に考慮に入れた場合のプライシングです。

④価格シグナリング

製品に関する情報が消費者にとって十分ではなく、価格が、前にお話しした品質を示すような品質バロメーター機能を持つ市場がありますね。普段は頼まないようなサービス、たとえば、屋根の葺き替え工事、お葬式の値段、お墓の墓石、素人のワイン選びなどがあります。

今ではインターネットの発達もあり、かなりの情報が取れるようになりましたが、特に金額の張るものは話を聞くのも怖いものがあります。

墓石などは、墓所の土地造成代などが入り、お寺との関係など複雑に利権が絡まって、石は同じなのに価格がピンキリなのにはびっくりします。

とはいえネット時代のこの頃、わかりやすい価格も出てきました。時代は着実に変化していますね。次ページの図25-1を見ると、わかりにくかっ

た墓石価格もスーツ並みにスリー・プライスというのが出ています。安く
なる理由の1つとして、『葬儀社や寺院と繋がりのある石材店はご成約時
に紹介者へマージンをお支払いする事があります。弊社ではそういった
マージンや接待は一切行っておりません。』というのがありました。喜ばし
いことですね[※1]。

図25-1　お墓の価格

https://www.memoriaru-sekizai.com/

　価格シグナリングは、価格がよくわからないような状況で低品質なのに、
逆に高い価格で販売する戦略を指すことも多いようです。

　よくない事態ですよね。こんな価格判断力のない状況では価格が品質
のシグナルとなるので価格シグナリングと呼んでいます。この場合、実際
に自分で品質を推定することのできない消費者を犠牲にすることが多く
なり、倫理的に正しい価格戦略とはいえません。

　たとえばディスカウントストアで名もないメーカーが自社製品を販売す
るとき、通常価格を高く表示して、品質を高く見せかけ、実際は大幅に
値引きして売る方法がこれに当たるでしょう。有名ブランドのエアコンが

※1　https://www.memoriaru-sekizai.com/

通常価格10万円のところ10％引きで9万円で売られていたようなときに、名もないメーカーが「通常価格25万円なのに特別割引で7万円！」と売り出していたら、多くの人は心を動かされるのではありませんか。「通常価格が25万円ということはよほどいい機械なのだろう」と考える人も多いですから。弱小メーカーがブランド確立など考えもせず、短期的な売上増を目指すときに利用されることがあります。でも小売店の協力がないとこんなことは無理なのですが。

◆その他の価格シグナル

その他、テリスは言及していませんが、価格シグナルには、他に「セール表示」、「端数価格」、「最低保証価格」など、いろいろ存在しています[※2]。

「**セール表示**」は、売場に「特売」とか「セール」とかを書くことであり、これで短期的には売上が増えることがわかっています。

また「**端数価格**」は、398円や498円など末尾が8で終わる数字が日本では主流ですが、大台を少し割り込む価格をつけて消費者を刺激することです。大台を割り込むと消費者は心理的に刺激を受け、「買いたい」という気が増すことが多いのです。ディスカウント・スーパーであるトライアルのチラシを見ると、末尾が8か9で終わる価格が多いことに気が付きます。

そして「**最低保証価格**」は、よく家電量販店などで「当社より1円でも安い店がありましたら、その値段まで引き下げます」という表示を見ますが、そのことです。これがあると消費者は、買い回る必要もなく、安心してその店で安く買えると考えるという値付けです。確かにそうかもしれませんが、強い店がこれを実行すると逆に「価格競争は無駄だ」と思う店が増え、価格競争が起こらなくなるともいわれています。この「最低保証価格」は、強い店からライバル店への「安売りするならやり返すぞ」という強力なメッセージになっているようです。

※2　エリック・アンダーソン、ダンカン・シミスター (2004)、「価格シグナル戦略」、『DIAMOND ハーバード・ビジネスレビュー』、1月号、pp.133-142.

⑤浸透価格＆経験曲線プライシング

◆浸透価格

まず**浸透価格**を説明しましょう。英語ではペネトレーション・プライシング(penetration pricing)という名前で有名です。

これは、経時的ディスカウンティングで少し触れましたが、価格に敏感な消費者層が多くいて、他企業の参入が予想されるとき、**先に市場シェアをできるだけ獲得して、できれば<u>デファクト・スタンダード</u>をとり、有利な展開に持ち込もうとする**長期的視野に立つ戦略です。

薄利多売の低価格を続けるため、事業自体の魅力が小さくなり、他企業の参入自体もなくなったり、遅れやすくなったりするといわれています。このプライシングが次に説明のある経験曲線プライシングと異なる点は、平均売価が最低平均コストを超えていなければならないという点です。つまり<u>赤字は出さずに薄利であってもきちんと利益を出していく</u>場合を想定しています。事例としては、吉野家の牛丼があまりにも有名ですね。

◆経験曲線プライシング

次に**経験曲線プライシング**ですが、この戦略は、典型的には比較的多くの企業が長期的に強力な地位を獲得しようとするときに採用する傾向があります。

この戦略を採用する企業は、当初は<u>生産コストを下回るような低価格で攻撃的に製品を販売し</u>、経験効果、つまり習熟することにより経費を削減する工夫ができ、**コストが低下してから利益を得ることを目論む**プライシング戦略です。だから経験曲線と呼ぶのですね。

この戦略により、競争企業を減らし、シェアを拡大することができ、大量生産により経験をより早く蓄積することも可能となります。また低価格で販売することから、低価格でなければ購買することのなかった、

市場の外にいた消費者にも購買を促進することになり、規模の経済を達成しやすくなって、企業はより早く利益をあげられることにもなります。

　大規模な価格戦略となるので、例は多くありませんが、典型的な事例としては、富士通がFMVデスクパワーを新発売するときに200万台を超えるところで利益が出る価格戦略を採用して、実際に達成したという例などがあります。これにより富士通はパソコン業界において以後かなりのマーケットシェアを確保し続けることが可能となりました。

⑥地理的プライシング

　このプライシングは、別名、ゾーン・プライシングとも呼ばれ、**異なった地域ごとに異なった価格を採用**する方法です。特に価格競争が激しい地域では価格を下げ、その他の地域では高価格を設定して全体で利益を出そうとします。

　典型的には航空運賃の料金設定がこの価格戦略を採用しており、そのため新規参入する小さな航空会社は、常に厳しい料金競争にさらされることになり、存続は困難になるようです。この話はよく新聞で見かけますね。この傾向は世界的であり、航空会社は寡占化に向かう傾向にあり、価格競争後の企業寡占化で高値安定状態につながりやすくなるのはいかがなものでしょうか[※]。でもLCCというディスカウント航空会社が登場し、価格是正に一役買っていたのですが、新型コロナウイルスの影響で撤退が増えつつあるのは心配ですね。他の例としては、JRと私鉄などの重なる路線区間などでの競争などがあります。

※讀賣新聞、2001年1月18日朝刊。

26 テリスの価格戦略分類の内容❸ 製品ラインプライシング

同種の製品や関連はあるが異なった製品を持っている場合の、これらの間での価格バランスをとるための価格戦略

　企業は、何も単品あるいは単一ブランドだけを生産・販売しているわけではありません。たとえば花王は飲料から洗剤まで幅広くつくっていますし、トヨタを代表として自動車会社も多くのブランドを抱えています。また1つのブランドにも多くのブランド内バリエーションがありますよね。加えて製品だけでなく、その販売後のメンテナンスもサービス商品として販売しているところも多いです。エレベーターのメンテナンス等は典型的ですね。これ以外にも遊園地のように入園だけの料金や乗り物をセットにした料金など多様な値付けが可能な企業もあります。このような企業は、その特性を活かしてどのようなプライシングができるのでしょうか。

　この章では複数の製品、ブランド、ブランド内のバリエーションが関連したときの価格戦略について考えていきます。

⑦イメージ・プライシング

I社で大して変わらないよく似た品質の製品に別のブランド名をつけ複数のブランドを持ち、片方を広告等でイメージを高めておいて、より高い価格で販売する方法のことです。

高価格バージョンのブランドの方で、より利幅を拡大し、また全体の販売規模を拡大することにより利益を拡大しようとします。

いろいろな消費者セグメント向けにそれぞれ個別のブランドを用意しましたよ、とアピールしたい化粧品業界で用いられることがあります。また自動車業界でも多少この傾向が見られ、共通の部品を使い、コスト構造はそれほど違わないのに、人気車種は利幅を大きくし、不人気車種は利幅を小さくすることで価格が異なるのも、この例に当てはまると考えていいでしょう。これについては実例を出すと怒られそうです。

⑧価格バンドリング&プレミアム・プライシング

◆価格バンドリング

まず価格バンドリングですが、「セット販売」とも呼ばれており、別々の製品を結びつけ、個々の製品の合計価格よりもかなり安く提供するプライシングです。

ただし、バンドル、つまり一緒にセットで売られる製品は、相互に代替性がないことが前提となります。つまり「渦巻き蚊取り線香と電気式蚊取りのセット」では、買いたいと思う消費者はめったにいないからです。どちらといえば、補完性があることが多いのは当然でしょうね。つまり「電気シェイバーとプレシェーブ・ローション」、「スキー板とビンディング」等の組み合わせならば、安ければ買おうとする消費者は多いでしょうから。

この価格バンドリングは、特にセールス・プロモーションにおけるキャン

ペーンに多用されています。

　たとえば、ネットワークプロバイダーのJ:COMのホームページを見てみ
ましょう。そこには基本のNET320Mコースが、月額6,180円、これに36
チャネルTV放送をセットして, 通常料金で月額7,080円、さらに電話サー
ビスを追加して、通常料金で月額8,032円、基本コースとTV36チャネル
とVOD（ビデオオンデマンド）で通常料金は月額9,480円となっています（図26-1
参照）。

　サービスの追加に対して**価格の上昇幅が小さく感じて**、ついバンドル
価格(セット価格)で申し込んでしまいそうですね。これに加えて、最初の
12ヶ月間の大きな割引があり、基本コースが馬鹿らしく見えてしまいま
す。かなりのセールス・プロモーションといえますね。こういったデジタル・
サービス商品の場合、いったん工事をしてしまうと企業側は追加コストが
ほぼ生じないので、当初の大幅な割引でもセットで申し込んでもらった
方が、どんどん利益が増えていくことになりやすいのです。

図26-1　J:COMの価格バンドリング

出典：　JcomHP　https://www.jcom.co.jp/service/net/course/ より

◆プレミアム・プライシング

次にプレミアム・プライシングを説明しましょう。この戦略は、バンドリングのようにセットで販売するものではなく、低価格のベーシック・バージョンと利幅が大きい高価格なプレミアム・バージョンの最低2種類を生産し、**プレミアム・バージョンを、価格をそれほど気にしない、つまり価格感度の低い消費者層に、ベーシック・バージョンを価格に敏感な消費者層に販売する**ことを基本にしています。プレミアム・バージョンでは利益を拡大して、両バージョン合計で生産量を大きくすることによって規模の経済を達成し、コストを下げようという価格戦略です。

この価格戦略の前提として、高級品を好む消費者層やスタンダード品を好む消費者層の両方の消費者層が存在すること、これらの異質な消費者需要が混じっていることがあります。そしてこの両方の消費者層を顧客として取り込むことにより、**規模の経済性を達成**できることがもう1つの前提となっています。

この価格戦略は、サービスによく用いられています。たとえば野球場や劇場などでの「プレミアムシートと普通席」といった観客席の区分、ホテルにおける「スイート・セミスイート・スタンダード」などのさまざまな部屋区分、旅客機・客船・電車での座席の区分などが典型的な例となります。

また製品においても、発売から時間が経過し、製品ライフサイクルが成長期から成熟期に進むにつれ、一般的によく用いられています。たとえばサッポロビールの黒ラベルがスタンダードであるならば、エビスビールはプレミアムにあたります。自動車でも同じブランドでずいぶん価格が違うものがありますね。これもプレミアム・プライシングに入るでしょう。

新型コロナウイルスの時代において、マスクもだいぶん品薄状態が解消されてきたので、安価なスタンダード・マスクと格好のいいプレミアム・マスクをつくるといいですね。

⑨補完的プライシング

最後に補完的プライシングです。これは、主なものとして**虜プライシン**
グ(あるいは訳さずそのままキャプティブ・プライシングと呼ぶ研究者もいます)と**２面プライシン**
グ(訳さなければツーパート・プライシングです)があります。

◆虜プライシング

まず虜プライシングは本体となる製品とそれが定期的に必要とする消耗
品がある場合、<u>本体をかなりの低価格で販売し</u>、<u>消耗品を比較的高価格</u>
<u>で販売</u>することにより、<u>全体で利益を得ようとする</u>ものです。ただし前
提として、競争企業が消耗品を安く販売して消耗品の市場を奪ってしま
うと、このプライシングは成り立ちません。ですから、競争企業がこの市
場に参入できないようパテントを持つとか、消費者が<u>たとえ価格が高くと</u>
<u>も同じ企業の消耗品をほしがるようにしむける</u>ことが必要になります。

自動車とスペアパーツ、高級コピー機やエレベーターと保守料の関係、
電気シェーバーと替刃などが例となります。

電気シェーバーで一例をあげるとブラウンの「シリーズ9」という高級機
があります。価格もなかなか高くてAmazonで43,450円もします※。そし
てその替刃は、9,818円もします 。1～2年で取り替える必要があります
から結構な出費ですね。でも本体に比べて替刃が高い気がしませんか。
やはりこれは、虜プライシングと言っていいでしょう。Amazonユーザー
のコメントには『替え刃はもっと安いのがあったけど心配なので高い方を
選びました。』『高い。5,000円くらいにならないものか』などという声もあ
りました。同じメーカーのものしか使えないことも多いですが、やはり心
理的な不安から純正品を買うことも多いのでしょうね。消費者にとって
虜プライシングはつらいプライシングといえるでしょう。

※ https://www.amazon.co.jp/dp/B08HMN1X1V/

図26-3　ブラウンのシェーバー「シリーズ9」と替刃

Amazon での価格

43,450 円

https://www.braun.jp/ja-jp/
male-grooming/shavers-for-men/
series-9/series 9 9394cc

Amazon での価格

9,818 円

https://www.braun.jp/ja-jp/male-
grooming/shavers-replacement-
parts

◆2面プライシング

　2面プライシングはサービスの場合に特にそう呼ばれています。電話料金、外部データベースへのアクセス料金、ヘルスクラブの料金、ガス代、電気代などサービスの価格は固定料金と変動利用料金に分けられることが多く、両者の適当な組み合わせで利益を出していくことになります。

　事例としては、遊園地などの料金設定があります。たとえば2020年に惜しまれながら閉園した西武グループの遊園地「としまえん」では、固定料金である入場料金を安くしたり、無料入場券を配ったりすることにより客を呼び入れ、入場後の物販や施設利用料で利益を上げるやり方をよくとっていたようです。これに加えて、料金を分けることにより、子どもの付き添いで入場する親たちは入場料のみ、子どもは入場と乗り物のセット料金であれば、親子トータルの費用がそれほどでもなく、入りやすいため、他の親子アミューズメント施設との顧客争奪戦には有利となったわけです。同様の例はいろいろなところで見ることができます。

Part**5**

利益を拡大する
価格マネジメント❷

ブランド力を維持したままのライン拡張

27 ブランド力を維持したまま 低価格ライン拡張を行う方法

メルセデス・ベンツとサブブランド市場づくり

　ブランドも成熟期を迎えると、単体のブランドのままでいくよりも、ブランドのファミリーを増やせば全体での売上、利益を伸ばすことが可能です。しかし、ここには大きな落とし穴もあって、安易にブランド拡張を行うとひどい目に遭うこともしばしばです。たとえば、新しく発売したブランドが本体のブランドを食ってしまうという「**共食い**」。それでも新たなブランドと合わせてトータル利益でプラスになっていればまだよいのですが、コストが増えるのに売上が変わらなかったらマイナス効果しかありません。

　それよりも恐ろしいのは、**本体のブランドの価値を落としてしまう**危険性です。本体が売れているので、そのジュニアブランドを出してみた。それが低価格なので、本体ブランドのブランド・イメージが落ちてしまった……などということは絶対に避けなければならないのです。

　ではどうすればいいのでしょうか。ここでは、これらを避ける価格戦略についてお話ししていきます。

　まず、メルセデス・ベンツのケースを通じて、いかにブランド・イメージ
を落とさずにライン拡張ができたかを価格戦略を中心としてお話ししてい
きます[1]。ただし、この章で扱うのは、同じカテゴリーの中で少しずつバ
リエーションをつけた製品展開を行う**ライン拡張**(広義のブランド拡張の一部)です。
メルセデス・ベンツブランドを異なる製品カテゴリー、たとえば自転車等に
利用する場合のカテゴリー拡張(狭義のブランド拡張)を扱うものではありません。

　このブランド名のメルセデスとは、『1899年当時、ダイムラー車のディー
ラー(販売代理店)を経営していたオーストリア＝ハンガリー帝国の領事であ
りユダヤ系ドイツ人の富豪であるエミール・イェリネック(de:Emil Jellinek)の娘
(de:Mercédès Jellinek)の名前』といわれています[2]。ダイムラーという堅い響き
を避けるためだったそうです。そしてダイムラーは1902年にこのメルセデ
スを商標登録しました。
　ちなみに社名の変遷を見ると『1926年に、共にほとんど同時期に設立
された世界最古の自動車会社であるベンツ＆シー・ライニッシェ・ガスモ
トーレン・ファブリーク(1883年-1926年)とダイムラー・モートーレン・ゲゼルシャ
フト(1890年-1926年)、両社の1926年の合併により正式に「メルセデス・ベンツ」
がスタートした。以降社名はダイムラー・ベンツ(1926年-1998年)、ダイムラー・
クライスラー(1998年-2007年)、現在はダイムラー(2007年-)と変更されている
がブランド名の変更はない。』とされています[3]。割と頻繁に社名変更をし
ているようですね。2007年のクライスラーとのもの別れは特に有名で、新
聞紙上を賑わしました。

　現在のメルセデス・ベンツの主な製品ラインナップには、「Sクラス」、「Eク
ラス」、「Cクラス」、「Bクラス」、「Aクラス」があります。
　図27-1を見てください。素敵な車が多いですね。

※1　この章は、上田(2003)編著『ケースで学ぶ価格戦略・入門』有斐閣の第4章、畑井・上田著「メ
　　　ルセデス・ベンツ—プレミアム・ブランドの価格戦略とブランド・マネジメント」の結果を参
　　　考にしています。
※2・3　ウィキペディア　https://ja.wikipedia.org/wiki//メルセデス・ベンツ #cite_note-1 より

2020年5月現在の価格帯を価格.comで見ると、新車セダン価格で「Aクラス」が337〜410万円、「Bクラス」が400万円前後、「Cクラス」が489〜711万円、「Eクラス」が734〜1,094万円、「Sクラス」が1,192〜2,449万円となっています。

図27-1　メルセデス・ベンツのラインナップ

Aクラス　　　　　　Bクラス　　　　　　Cクラス

Eクラス　　　　　　　　Sクラス

出典：https://media.mercedes-benz.jp/media-library/

　ちなみにまもなく日本に登場するE-car、「EQC」の価格は、「EQC 400 4MATIC」が1,080万円だそうです。そして、日本での発売を記念して設定された特別仕様車「EQC Edition1886」（図27-2）が1,200万円で55台の限定販売となるようですね[1]。エクステリアデザインは、SUVおよびSUC（クーペライクSUV）のレンジに当てはめてデザインされたものでして、その仕様を見ると素晴らしいですが、値段もいいですね。筆者にとっては残念ながら高嶺の花です。なお2019年世界新車販売の結果では、グループ全体の総販売台数は、9年連続で年間販売の記録を更新する245万6,343台であり、前年比は0.7％増でした。全販売台数のうち、ブランド別では、メルセデス・ベンツが233万9,562台を販売して、前年比1.3％増とプラスを維持しており結構、好調な様子が窺えます[2]。

※1　https://www.goo-net.com/magazine/109270.html
※2　https://b-cles.jp/car/mb_b-class_1st.html

図27-2　メルセデス・ベンツ　EQC Edition1886

出典：https://media.mercedes-benz.jp/media-library/

　このメルセデス・ベンツのように**高級なイメージで築き上げてきたブランド**が、もっと安い価格のブランドへと下方への拡張を行うことは、イメージを安っぽくし、ブランド価値を下げてしまう危険性が伴いやすいものです。でも**メルセデス・ベンツは、ブランド価値を下げることなく、それを断行し、顧客の裾野を広げた上に、ブランド価値を維持することに成功し**ています。そのブランド・マネジメントの成功要因は何だったのでしょうか。おそらく主要因の１つと考えられるのが、同社のとった「価格戦略」だと思われます。

　この章ではまず、メルセデス・ベンツというプレステージ・ブランドの代表ともいえるこのブランドが、下方への垂直的ブランド拡張を行った理由について整理し、特に価格戦略という視点から、ブランド価値維持のためのブランド・マネジメントについてお話ししたいと思います。

なぜブランドのライン拡張を行ったのか？

　もともとメルセデス・ベンツは、現在1,000万円を超えるトップラインとしての「Sクラス」、700～1,000万円の「ミディアムクラス」（現在のEクラスに相当）という2つのプロダクトラインのみを保有していました。そして94年に「190シリーズ」（現在のCクラスに相当）を追加、SUV（スポーツ・ユーティリティ・ビークル）の「Mクラス」、ミニバンの「Vクラス」、コンパクトカーの「Aクラス」、2シーターのスポーツカー「SLKクラス」を追加し、2005年には新型Cセグメント・ハッチバック・コンパクトカー「Bクラス」を発売しました。そして2020年新時代型の電気自動車「EQC」等、どんどん品揃えを広げています。

　Bクラスについては、前年に2代目に移行した「Aクラス」の兄貴分にあたり、「サンドイッチ・コンセプト」と呼ばれる2重フロア構造をはじめ、FFの駆動方式やパワートレインなど基本的なメカニズムが受け継がれました[※1]。このBクラスはAクラスとCクラスの間に位置づけられるのですが、少しイメージが弱い感じもします。

　さらに別ブランドで、1998年に「スマート」ブランドを立ち上げ、「スマート・クーペ」、「スマート・カブリオ」、そして2001年には輸入車としては初めての軽自動車である「スマートK」（日本限定）、2002年5月には「スマート・クロスブレード」を発売しています。

　このように、近年、メルセデス・ベンツがプロダクトラインの追加を行い、ブランドを拡張した理由には3つの要因があったといいます。

❶競合する日本車の登場

　第1の要因となったのは、競合する日本車の登場です。1993年、世界におけるメルセデス・ベンツの乗用車販売は急激に落ち込みましたが、こ

※ https://b-cles.jp/car/mb_b-class_1st.html

の事態は、メルセデス・ベンツに限ったことではなく、ヨーロッパの自動車市場全体が深刻な不況に陥りました。この不況の直接的な理由は、日本車の攻勢でした。メルセデス・ベンツとほぼ同等の品質で、メルセデス・ベンツよりも安く売られた「レクサス」や「インフィニティ」という日本製高級車の登場は、メルセデス・ベンツにとって大変ショッキングなものだったようです。

❷排気ガス規制

第2の要因は、環境問題に対する排気ガス規制によるものです。これは、各自動車メーカーに【総排気ガス量／総生産台数】でペナルティー・タックスをかけるという規制でして、メルセデス・ベンツやBMWのように排気量の大きい車を販売するメーカーにとっては大変不利になります。こうした環境保護政策が進んだことによって、ダイムラー・クライスラーは、コンパクトカーとしての「Aクラス」、そしてさらに小さいマイクロ・コンパクトカー「スマート」の開発に至ったわけです。

❸ BMW「7シリーズ」の躍進

そして第3の要因となったのは、BMW「7シリーズ」の躍進と自動車業界の再編です。メルセデス・ベンツとBMWは、共に同じ高級車のドメイン内での競争相手でしたが、メルセデス・ベンツの主力車種は「Sクラス」や「Eクラス」といった、4〜6リッターの大きくてラグジュアリーな車であり、BMWの主力車種は「3シリーズ」という2〜2.5リッターのコンパクトで比較的低価格の車でした。しかし、1996〜97年にかけて、メルセデス・ベンツの主力車種であり、トップラインであり、そのクラスでは50％の台数シェアを誇っていた「Sクラス」よりも、BMWのトップラインである「7シリーズ」が売れたことは、メルセデス・ベンツにとってショックな出来事でした。さらに80年代後半から90年にかけて、ヨーロッパの独立系自動車メーカーを巨大資本が飲み込み、世界の自動車メーカーの再編が進んでいた状況において、BMWはプロダクトラインの拡大やコストダウンを図り、

1994年にローバーを買収しました。買収後、ローバーブランドとして小型車「ミニ」を再開発して、品揃えを小型方向へ広げました。こうした状況において、メルセデス・ベンツは、品揃えに対して焦りを感じていたこともあり、「Sクラス」をはじめとするプロダクトの強化はもとより、ライン拡張を図ることとなったわけです。

ライン拡張における価格戦略

　メルセデス・ベンツでは、ライン拡張の際には、図27-3のような車格という車のサイズと価格の組み合わせに基づいた検討が行われます。この図は、日本およびヨーロッパにおけるセダンとハッチバックを対象としています。この枠組みの図では、タテ軸に価格、ヨコ軸に車の全長を取り、それぞれのクラスがはっきりと区別されています。ただしBクラスは、AとCの間隔で狭い領域にポジショニングされているので除いてあります。

図27-3　メルセデス・ベンツの品揃えの枠組み

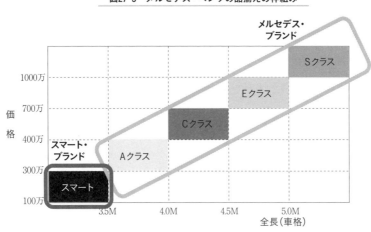

(出典：上田(2003)編著『ケースで学ぶ価格戦略・入門』有斐閣の第4章、
　　畑井・上田著「メルセデス・ベンツープレミアム・ブランドの価格戦略とブランド・マネジメント」
　　p.95を2020年5月更新)

◆トップラインとなる S クラスではセグメントのトップシェア

メルセデス・ベンツのトップラインとなるのが「S クラス」(車体本体価格：1,000 ～ 2,500万円)です。競合車種としては、BMW「7 シリーズ」(1,100 ～ 2,600万円)、トヨタ「レクサス LX、LS」(900 ～ 1,100万円)、日産「インフィニティ QX80」(800 ～ 1,000万円)などがあります。

このセグメントでの「S クラス」の台数シェアは世界一で、ここでのメルセデス・ベンツは、完全なリーダーとなっています。

◆下のセグメントでは競合厳しい

その下のセグメントに属するのが「E クラス」(700 ～ 1,000万円)で、競合車種としては、BMW「5 シリーズ」(600 ～ 1,300万円)、トヨタ「レクサス IS、RC」(500 ～ 800万円)、アウディ「A6」(700 ～ 800万円)、日産「インフィニティ Q60」(450 ～ 650万円)などがあります。このセグメントでのメルセデス・ベンツの台数シェアは、他社との競合状態が厳しく、メルセデス・ベンツがリーダーであるという状況ではなくなってきています。

さらにその下のセグメントである「C クラス」(400 ～ 700万円)になると、もっと競合車種が増加します。BMW「3 シリーズ」(460 ～ 650万円)、アウディ「A4」(450 ～ 650万円)、トヨタ「レクサス CT」(380 ～ 480万円)、日産「セドリック」(300 ～ 500万円)、等が競合車となり、ここでのメルセデス・ベンツの台数シェアはかなり小さくなってしまいます。

セグメントが下がれば下がるほど、競合関係、特に日本車との競合が激しくなり、価格は同じでも排気量が大きく、スペックもいい日本車相手に、苦戦を強いられています。日本車の登場によって、今までの競争関係が変化し、主にヨーロッパの自動車メーカー間でのある程度類似した価格・車格での競争関係から、それらを超えた競争関係へと変化してきているようです。それにしても BMV が昔に比べて強くなりつつありますね。

価格ゾーン、車格ゾーンによる価格戦略

　こうした競争関係の変化の中で、メルセデス・ベンツはどのような価格戦略をとっているのでしょうか。

　メルセデス・ベンツの価格戦略は、「**価格ゾーン**」、「**車格ゾーン**」によって説明できます。ここでいう価格ゾーンとは、図27-4で見られるように同価格帯を取る横のゾーンで、車格ゾーンとは、同車格(スペックなど品質に関するもの)帯を取る縦のゾーンを指します。

　プレミアム・ブランドとしての位置付けを狙うメルセデス・ベンツは、それぞれの車格ゾーンにおいて、最も高い品質とブランド力によって、必然的に最も高い価格をつけています(近年はBMVがかなり接近してますが)。しかしながら、メルセデス・ベンツの競争関係は、車格ゾーンだけがメインではなく、価格ゾーンも中心となります。これは、同車格ゾーン、同価格ゾーンにあるBMW、アウディなどの競合車種に加え、車格のグレードは上であっても価格が同価格ゾーンにある日本車との競合関係があることを意味します。つまり、消費者は、「車格ゾーン」内だけではなく、「車格ゾーン」と「価格ゾーン」での選択を行うのです。

　この価格ゾーン・車格ゾーンをメルセデス・ベンツの品揃えの枠組みに適用すると、その競争関係は、図27-4に見られるように**チェーンのようにつながっています**。横と縦の鎖が順につながっているのが、おわかりになるでしょうか。

　ただ、ここで注意したいことは、メルセデス・ベンツブランドとしての「Sクラス」「Eクラス」「Cクラス」「Aクラス」がチェーンでつながっているものの、「スマート」に関してはつながっていないことです。さすがにスマートは、メルセデスのブランド・イメージから遠すぎて同じブランドに入れることはできなかったということです。

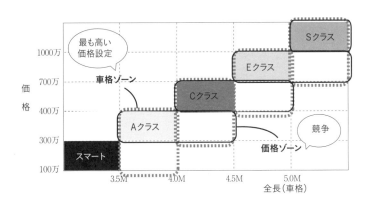

図27-4　競争におけるゾーン・チェーンの形成

なぜこの方法でブランド・イメージが落ちないのか？

　メルセデス・ベンツが採った価格戦略において優れているのは、**それぞ
れの車格ゾーンにおいてプレミアムプライスを設定し、最も高い価格設定
を行っている点です**。これにより、**価格がブランド全体の品質を表現し、
また、ブランド全体でのプレステージを高めています**。

　しかしながら、昨今の消費者は、厳しい経済状況の中で、初めに価格
ゾーンを決めて、その中からブランド選択を行う傾向を強めています。す
なわち「価格ゾーンが最初にありき」の傾向も出てきています。その中で、
各価格ゾーンにおいて、より上位クラスのステータスと機能を意識させた
ブランド力で優位な戦いをメルセデスは推し進めています。

　これは、ゾーン・チェーンの中での上位クラスのステータスが大いに貢
献していると考えられます。つまり、各車格ゾーンでトップの位置を押さ
え、「どの車格クラスにおいてもトップである」というイメージをつくり出し、
それ以外の位置づけはあり得ないと消費者に刷り込んでいく方式となり
ます。これが達成されるとメルセデス・ブランドはいつも トップ・ブランド

であるとのイメージができあがります。このことは上位の車格ゾーンで有効に発揮されています。

　そしてこのことを成立させる条件は、やはり、車格の各クラスが他のクラスとは全く別の市場であるという**明確な差別化イメージを消費者に対してつくり出せている**ということでしょう。
　つまり、車格ごとにイメージによるフェンスが張られている感じですね。
　もしこの車格別のクラスの識別があいまいであれば、消費者に大きな混乱が生じます。同じブランドなのに高いものもあれば、安いものもある……と言った具合に次第にブランドは低い方へと落ちていくと考えられます。したがってポイントは、図27-3や図27-4に見られるように車格によるクラス別の管理が厳密になされていて、消費者に「全く異なるもの」という認識を創造し、かつ維持して、メルセデスというブランドの統一性をしっかり持っているということになるでしょう。言うはやすしですが、なかなかこのブランド・マネジメントは大変だと思います。

　メルセデス・ベンツのライン拡張の事例は、これから下方へのライン拡張を行おうとする企業に対して、大きな示唆を与えてくれています。成長の方向性に悩むプレステージ・ブランドを持つ企業は、大いに参考にすべきでしょう。

28 エントリー・ブランドの重要性と役割

では価格はどうすればいい？

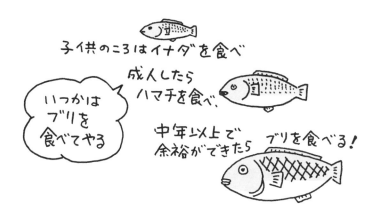

　第27章でメルセデス・ベンツのライン拡張についてお話ししましたが、メルセデス・ベンツブランドで最も価格の低いＡクラスの持つエントリー・ブランドとしての役割をお話ししていませんでした。この章では、エントリー・ブランドの重要性とその価格について説明していきたいと思います。

エントリー・ブランドの重要性

　この**エントリー・ブランド**に関しては、そのずっと上のランクに位置している中心となるブランドがかなり価格も高く、所得がまだまだ十分にないときには、消費者の手には届きにくいものです。エントリー・ブランドは、そういう価格の高いブランドの顧客が減少しつつあるとき、新たな顧客を導き入れるために企業が登場させるべきブランドとなります。

　たとえばPart1でもご紹介した、車や家なみの価格をつける高級腕時計は、大学出たての若い男性が勤め始めて、最初の給料で買うのは難しい

ですよね。なんと 4,957 万円以上もするのです。ただし、同じブランドの中でも、価格比較サイトで見ると 200 〜 300 万円台で販売されているカジュアルなシリーズもあります。とはいえ一番安いものでも 115 万円程度ですから、もっとずっと安いエントリー・ブランドがないと、このブランドへのきっかけもできませんね。

◆ロイヤル顧客への道筋をつける

　もちろんこのスタンダードの方のブランドは、プレステージ・ブランドが多く、利益を上げていく企業の柱ともいうべき重要なブランドです。しかしながら、その中心ブランドのロイヤルなお客さんもいつしか年をとって抜けていくと新たにロイヤルな顧客を迎え入れなければなりません。その獲得の努力をしないで放置しておくと、消費者は所得が増えても、それほど簡単にロイヤル顧客になってくれないものです。

　たとえば、もし筆者がお金持ちになって、金庫にお札が一杯詰められるようになっても（今は電子マネーで、そういう時代ではないかもしれませんね）、そう簡単には、ベンツのロイヤル顧客にはなりません。ポルシェを買うかもしれませんし、レクサスを買うかもしれないのです。そうすると筆者が金庫にお札を詰められるような人間になる前に、将来、中心ブランドのロイヤル顧客になるように道をつけるべきだと思いませんか。その道筋を比較的スムーズにつけてくれる役割を担っているのが、**エントリー・ブランド**なのです。

　やっと A クラスの話に戻れましたが、このメルセデス・ベンツの A クラスは、普段、E クラスや S クラスに乗っている人のセカンドカーという役割だけではなく、**最初にファミリーカーを買う人々で、将来所得が向上したときにはもっと上位のブランドに移行してくれる予備軍を囲い込む役割**

※ 1　https://kakaku.com/watch_accessory/watch/itemlist.aspx?pdf_ma=5342

を担っているのです。その意味でこのＡクラスは、もっと上位のメルセデス・ベンツのエントリー・ブランドの役割を果たしています。

　もしこのＡクラスがない場合には、最初に車を購入する消費者層は、トヨタやホンダのブランドを買うかもしれません。そうなるとそれらの人の所得が十分向上してもやはりトヨタやホンダの別ブランドで上級移行する可能性が高いのです。というのは、ディーラーの営業努力が一度購入した顧客に対して継続的に行われることが大きいためです。

　このような中心ブランドへの道筋を有利につけるエントリー・ブランドとしては、他にどんな例があるでしょうか。

　わかりやすいのはラグジュアリー・ブランドですね。アルマーニのサイトによると、「ジョルジオ・アルマーニ」のスーツが１着78万1,000円で、「エンポリオ・アルマーニ」のスーツが14万8,500円でした[2]。この「エンポリオ・アルマーニ」は、若いマインドを持った多くの人々に向けて発信されるブランドでして、ファッションにとどまらず、生活全般にわたったライフスタイルブランドとして認知されています。そしてこれが、中心ブランドであるジョルジオ・アルマーニに顧客が引き継がれていくことになります。スーツ以外にもたくさんの商品を扱っています。

　それにしても価格が大きく違いますね。どの部分の価格が高いのでしょう。材質もあるでしょうが、人手のかけ方とサービスなのでしょうね。

　他にも楽器、高級下着、高級ウィスキー、アクセサリー、運動用品などいろいろな分野でエントリー・ブランドを見ることができます。

※2　https://www.armani.com/

エントリー・ブランドとフリー・サービス

　ソフトウェア・ベンダーが自社の**主力製品を売らんがために、付属的な ソフトを無料で消費者に配る**ことは非常に多く見られ、そうでなくても 広告収入などで運営されるサイトが情報を無料で配信するといったIT業 界のフリー・サービスはすでに常態化しています[※1]。

　一例をあげましょう。

　皆さんはPDF形式の文書でやり取りすることは多いですね。このPDFは、 アドビシステムズが開発したPortable Document Format（PDF）というファイ ルであり、オープンフォーマットといって、誰でも自由に使える便利な形 式のため広く普及しており、PDFを作成するソフトウェアは数多く存在し ます。でも、PDFを受け取った人が、それを読めなければ何の役にも立 ちません。読むためと印刷するために必要なのが、PDFのリーダーとなり ます。典型的なリーダーは、やはりアドビシステムズのAdobe Acrobat Reader DCです。このソフトは無料でダウンロードができますから、ほと んどの人が無料でダウンロードして使っています。

　しかし、ワープロソフトの文章からPDFファイルをつくったり、編集加 工したり、あるいは他のファイル形式（Word等）に変換したり、PDF文書に 署名したりするには別のソフトウェアが必要です。そんなとき、Adobe Acrobat Reader DCは、「編集、変換、署名できるAdobe Acrobat Pro DCは いかがですか」とPC画面上にPOP画面を出して誘ってくるわけです。

　価格が高くてもそれほど気にしない人、アドビのソフトで揃えたい人、 時間のない人は、そのままAdobe Acrobat Pro DCを購入するということに なります。そうではない人なら、もっと安い、同様の機能を揃えたPDF 活用ソフトを買うのかもしれません。したがって、上記の理由から、アド ビ社のPDF関連のビジネスソフト、Acrobat ReaderとAcrobat PROの関係

※ https://gentosha-go.com/articles/-/9689

有料製品と無料製品の機能比較

	Adobe Acrobat Pro DC	Adobe Acrobat Reader
	1,738 円/月 税込 本体価格1,580円/月 ※別契約が必要です。 無料で始める｜購入する	PDFの閲覧のほか、注釈など一部機能が使える無料アプリケーション 無料で始める
PDFの閲覧、印刷、注釈の追加	●	●
PDFの共有リンクを発行して他人と共有	●	●
パスワードでPDFの閲覧や編集を制限	●	
PDFの非表示情報を検索して削除	●	
PDFのテキストや画像を直接編集	●	
PDFの作成、結合、分割や順番の並び替え	●	
PDFをWord、Excel、PowerPointなどの形式に変換	●	
スキャンした文書を編集および検索可能なPDFに変換	●	
2つのPDFを比較し、差分を確認	●	
スマートフォンやタブレットからPDFを編集	●	

https://acrobat.adobe.com/jp/ja/acrobat.html

は、どちらも同一ブランドかもしれませんが、一種のエントリー・ブランドとスタンダード・ブランドの関係にあたります。

上級移行という点ではぴったり当てはまるのですが、この関係は**補完関係**ですよね。読むためのソフトとPDF化するためのソフトという関係だからです。前述のエンポリオ・アルマーニとジョルジオ・アルマーニのスーツの場合は、代替財となり、その違いが大きいですね。でも最初に手に入れやすく、手に入れたら上級移行させるように誘うという点は結局同じということになります。それゆえ、Adobe Acrobat Reader DC を Adobe Acrobat Pro DC のエントリー・ブランドと見なすことは可能だと思います。

ちなみにAdobe Acrobat Pro DCの価格は、ライセンス版がなくなり、サブスクリプション版（期限付きのソフト）だけで、以下のようになっています 。

Adobe Acrobat Pro DC 12ヶ月版 | オンラインコード版 ￥20,856
Adobe Acrobat Standard DC 1ヶ月版 | サブスクリプション（定期更新）￥2,948 / 月
Adobe Creative Cloud コンプリート 12ヶ月版 | オンラインコード版 ￥72,336

この他にもカード版もありますが、オンラインコード版と似たり寄ったりの価格です。Cloud版は高くなっていますね。

Part6

ダイナミック・プライシング

時と人に応じて値段を変え
利益を最大化するのだが・・・

29 ダイナミック・プライシングとは何？ そしてなぜ登場したのか？

デジタル時代の落とし子、ビッグデータが理論を現実に

「時と場合に応じて価格を変化させる」ダイナミック・プライシングの考え方は、1978年にHuppertz、ArensonとEvansが研究ベースで作成したものでした[1]。類似する価格戦略は、飛行機、ツアー料金、高速道路料金、電気料金など古くから存在しているのですが、ダイナミック・プライシングというネーミングで日本に登場したのは、新聞記事での登場を見るとだいたい2018年といっていいでしょう。ちなみにこの種の記事の多い、日経テレコンで検索をかけると、2015年まではほぼ電力使用関連の記事だけであり、それ以外で2017年に1つだけ登場しています。「顔認証革命がもたらす危険」というこの社説記事を少し以下に引用してみましょう。

『顔認証は「ダイナミック・プライシング」という形で近所の店にも登場する可能性がある。スーパーは、価格変更を人の手で張り替えなくても済むよう、紙の値札をデジタル表示に切り替えている。もし、店の入り口にあるカメラ

※1　John W. Huppertz, Sidney J. Arenson, Richard H. Evans(1978), "An Application of Equity Theory to Buyer-Seller Exchange Situation", Journal of Marketing Research, Volume 15 Issue 2,　pp. 250–260

が買い物客を識別し、顧客ごとに価格を変えるとしたらどうだろう。あまりにとっぴな話しに聞こえるだろうか。複数の旅行サイトは、旅行を決断している顧客の検索パターンを見抜いた場合、値段を上乗せするといわれているほか、アマゾンは既に、需要に基づいて素早く価格を変えている。エコノミストらは、これを「価格差別」と呼んでいる。固定価格なら、もっと多く払うことができた消費者が余剰価値を得る。だが、価格が消費者に合わせて変わってしまう世界では、この余剰価値が消え、顧客の犠牲の下に販売者の利益が増えていく。』 *(2017/10/04 17:00 Financial Times[*2])*

　この当時は、顔認証システムが登場してきた頃であり、それがダイナミック・プライシングと結びつくという予言めいたものでしたが、まさに2020年6月現在では現実的なものになろうとしていますね。なかなかいい予測です。そして「顧客の犠牲」という重要なポイントを指摘しています。これについては後で説明します。本パートは、このダイナミック・プライシングを扱ったもので、やっと登場したこれからのプライシング・イノベーションといえるでしょう。

ダイナミック・プライシングとは何？

　先ほど2017年に日経テレコンで1件の記事といいましたが、2018年には34件と激増し、2019年では35件となり、2020年全体ではどのくらい件数が増えるかわかりません。このダイナミック・プライシングと次のPart7で出てくるサブスクリプションが、プライシング界のヒットチャートで上位独占となっています。ここしばらくなかったプライシング界のスター誕生です。

　まず、ダイナミック・プライシングの定義を見ておきましょう。知恵蔵

※2 'Privacy is under threat from the facial recognition revolution', By FT, Opinion, FT.COM, 04 October 2017

の解説（金谷俊秀　ライター /2019年）をもとに、筆者の見解を述べます。

　本当にザックリいうと「**需要や供給に合わせて価格を変動させて需要を調整すること**」です。

　需要が高い時期や時間帯は価格を高くして需要を抑え、需要が減る時期は価格を低くすることで、需要を喚起できます。稼働率を高めるなど資源の有効利用が可能になり、価格の最適化によりチケットの不正転売防止などにもつながるとされているのです。

　航空運賃や宿泊料金をある価格よりも下げれば、もとの価格では利用しようとは思わなかった消費者の購買意欲をかき立てることが可能になるでしょう。その一方、ある期間に需要が集中するからといって、飛行機の台数や宿泊施設を増強するのは供給者にとってコストの増大を招き得策ではありません。したがって、繁忙期にはあえて高額の価格設定を設け、供給可能な分だけに需要を抑制することで利得を最大にできるのです。

　日々の生鮮食品の売れ残りを避けるためにスーパーマーケットが閉店間際に値引きすることなども同様の考え方の上にあります。ただし、実際に値付けをするに当たっては、価格設定の見積もりや需要の予測が難しく、短いサイクルで度々価格を変えるのは販売者にとって負担が大きいものです。また、消費者から見ると価格が不明瞭になり、不信感が生じて消費意欲を削ぐことにつながりかねません。

　現在では、ICT（情報通信技術）およびインターネット販売の進展により、AI（人工知能）などを活用したダイナミック・プライシングが可能になってきました。このため、供給側にとっての障壁は低くなっており、需要量から価格を随時変化させる通販サイトなども増えています。また、ダイナミック・プライシングは商品に対してのみ適用されるとは限らず、個々の消費者について個別に価格を提示する運用もあります。

　このように、企業側(あるいは提供側)の利点として以下の点があります。企業側の利点の方がずっと多いのですが。

①需要の調整による利益の最大化
②稼働率を高めるなど資源の有効利用化
③チケット等の不正転売防止
④食品ロスの減少（③と④は社会的公正でもありますよね）

　消費者(あるいは利用側)の利点としては、以下の通りです。
①閑散期の価格低下による購買意欲の増進

　そして課題も次のようなものがあります。
①消費者はどこまで不愉快さを感じることなく、受け入れられるのか
②長期的な視点で需要の最適化を図れるのか

　まさに重要な課題は①ですね。これについては後の章で触れることにしましょう。

　さてダイナミック・プライシングによって本当に利益は出るのでしょうか。野球やサッカーのチケットであれだけ利用が拡大しているということは利益が結構拡大しているということでしょう。実際、Sweeting (2012) は、メジャーリーグ野球チケットの流通市場のデータを分析し、メジャーリーグベースボールは、ダイナミック・プライシングにより平均的な売り手の予想利益が16％増加することを想定しています[※1]。また浜崎あゆみによる音楽フェスタ事例では、チケット収入は5割増しといわれています[※2]。

※1　Andrew Sweeting (2012) , " Dynamic Pricing Behavior in Perishable Goods Markets: Evidence from Secondary Markets for Major League Baseball Tickets", Journal of Political Economy, vol. 120, no. 6 , p.1133
※2　Wedge　2020 年 3 月号　p.15

ダイナミック・プライシング拡大の理由

　このように利益の拡大を期待させるダイナミック・プライシングですが、昔から原型となる理論はあるのに、どうして最近目覚ましい形で登場してきたのでしょうか。

　それにはいくつかの理由があります。まず実施する上での企業のインフラが整ってきたことがあげられます。以下要因をあげてみましょう。

①価格の変更が簡単にできる電子値札（タグ）が登場してきたこと

　　いまや消費電力の節約が可能となり、ほとんどコストをかけずに、すぐ一斉に書き換えられる電子ペーパーのタグも出てきています。ビックカメラやノジマ等がそうですね。

②データが豊富に蓄積されてきており、ビッグデータとして分析する対象が揃ってきたこと

③AIで瞬時に分析し、最適価格算出の自動化が進んだこと

　　いちいち人がコンピュータ利用にしろ、時間かけてシミュレーションしていたら時間も人件費もかかりますが、AIならいったん導入すれば、固定費は高いかもしれませんが、長い目で見たらペイしますよね。

　また消費者側の理由として、スマホ等を用いて消費者が簡単に価格検索できる環境となり、価格比較が消費者にとって簡単になり、習慣化してきたことも重要な理由としてあげられます。

30 ダイナミック・プライシングはどうして利益が出るの？

ダイナミック・プライシングの元となる従来の理論

　実はダイナミック・プライシングには、元となる理論が昔からあるのです。まず「価格を変えるとどうして利益が出るのか」から説明しましょう。

　R. J. Dolan et al. (1996) は、「全ての消費者が、ある製品に対して全く同じ価値を感じていることはない。・・・彼らは、同一製品に対して同じ金額を支払わないのである。むしろ、顧客の価値に価格をカスタマイジングすることが革新なのである。」と述べています[1]。これは顧客ごとに払ってもいい価格、つまりWTPが異なることを意味しています。

　また英国航空の会長 Sir Colin Marshall は、「大半の旅行者は、価格を気にしつつ、チケットを購入するが、少しばかり余計に支払ってもよいという旅行者もいる。少しばかりと私は言ったけれど、我々の場合、これは平均5%程度となる。しかしながら、この5%は、年間4億4千万ドルにもなる。」と述べています[2]。

※1・2　R. J. Dolan and H. Simon（1996），Power Pricing, The Free Press．特に、第5～11章、pp.115-300.

同じ顧客でもまた、時と場合によってWTPは変わってきますよね。だから顧客×（タイミング・条件）でWTPは変わるわけで、<u>利益が上がるよう、在庫調整ができるようダイナミックに価格を動かすわけです。</u>

売上反応曲線から利益を計算する

　利益が出る説明に移りましょう。

　図30（A、B、C）を見てください[※]。英国航空を例にとっています。まずAの図ですが、飛行機は380席あり、乗客1人あたりの変動費は、100ドルです。この図の右下に伸びる三角形の斜辺部分の直線は売上反応曲線といいます。つまり「<u>いくらだったらどのくらいの席が売れるか</u>」を説明する線ですね。

　もし英国航空が100ドルでチケットを販売すれば、380人がチケットを買うことを意味します。でもこの場合は、席は一杯にはなりますが、変動費で売ってしまっているわけですから、利益はありませんね。そして価格を上げていくと、売上は次第に落ちていき、3,900ドルになったとき、誰もチケットを買わなくなります。こういうやや現実離れしている、経済学の本に出てきそうな単純な売上反応曲線なのですが、わかりやすいので、これを前提に利益を考えてみることにしましょう。

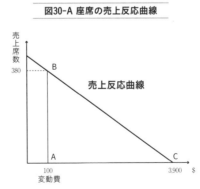

図30-A 座席の売上反応曲線

（出典　R. J. Dolan and H. Simon（1996）, Power Pricing, The Free Press., pp.119,126.に基づく）

※ R. J. Dolan and H. Simon（1996）, Power Pricing, The Free Press.　特に、第5〜11章、pp.115-300.

◆潜在利益を最大にするには価格を増やすこと

この図30-Aにおける三角形ABCが、飛行機が飛ぶことによって生じる潜在的な利益なのです。これは経済学入門で習われた方も多いでしょうね。

この三角形の面積を計算する要領で、この潜在利益を計算すると722,000ドルとなります。底辺の長さ×高さ÷2で求められますね。これは、個々の潜在利用者が支払ってもいいと考えるWTPの上限でチケットを買ってくれれば英国航空が手に入れられる利益です。

しかしながら、この潜在利益をすべて航空会社が受け取ることは、実際は不可能に近いのです。

たとえば、Bの図を見ると、単一価格では、図中のグレーの長方形が最大利益となります。このときの価格は2,000ドルであり、実現利益は、変動費を差し引いて361,000ドルとなり、潜在利益の50%にすぎないことになります。わかりますか。

図30-B　単一価格での航空運賃の決定

(出典　R. J. Dolan and H. Simon(1996), Power Pricing, The Free Press、pp.119,126.に基づく)

では、この航空会社が2つの価格を設定するとどうなるかを考えてみましょう。

もちろん高い価格を進んで支払う顧客と低い価格しか払わない顧客を分ける壁が必要です。この壁は、サービスのグレード、他のサービスの付加など多様に考えられます。

Cの図を見てください。まず高価格(P_H)と低価格(P_L)が設定してあります。安いチケットはエコノミークラスであり、高いチケットはビジネスクラスだとします。

この2つの設定価格での最大利益は、この図で見られる左の2つの利益の長方形XとYであり、詳しい説明は省略しますが、高価格が2,633ドル、低価格が1,367ドルとすると、売上反応曲線から顧客はそれぞれ127人ずつ見込まれます。そうすると利益合計額は、482,600ドルとなり、<u>単一価格時と比べて、34%アップ</u>となるのです。そして潜在利益額合計の67%が実現できることになります。

図30-C　複数価格での航空運賃の決定

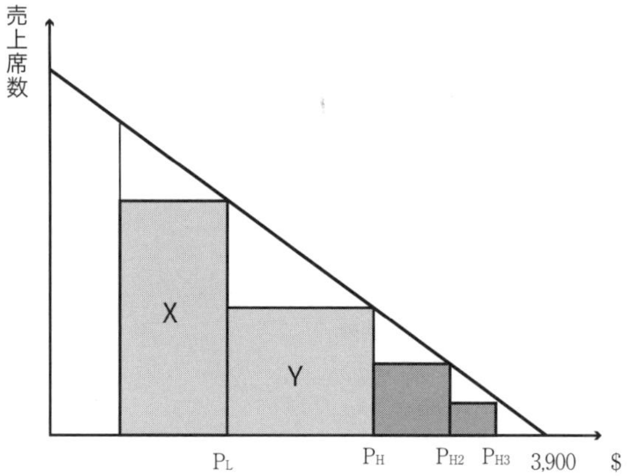

(出典　R. J. Dolan and H. Simon(1996), Power Pricing, The Free Press、pp.119-126.に基づく)

ではここに価格がP_H2のファーストクラスを設けると、利益は2つの設定価格のときより、向上するのでしょうか。

席の各クラス間に移動できないよう、きちんと壁が設定できる限りにおいて、答えは、向上します。Cの図を見るとわかりますね。この調子で価格P_H3など**価格を増やしていくと三角形の面積を利益の長方形が埋めていく**さまがわかります。この調子で価格を増やして、顧客が移動できない

ようにすれば、利益の長方形に分配される部分がますます大きくなります。

　ダイナミック・プライシングの実践が大きな利益を生むのはこういう理由に基づくのです。おわかりでしょうか。小難しかったらごめんなさい。

テリスの価格戦略に見るダイナミック・プライシング

　Part4でテリスの価格戦略の分類について説明しましたが、この中にも時間や人によって価格を変えるというプライシングが出てきます。再度この表(表30)を見てみましょう。

表30　テリスによる価格戦略の分類

時間で価格を変える（徐々に下げる）　　場所や時間で価格を変える　　高級バージョンを好む人には高級版の高いものを買ってもらう

	企業の目的		
	消費者セグメント間での差別価格	競争的地位の獲得	製品ライン間での価格バランス
高い探索コストを持つセグメントがある場合	①ランダム・ディスカウンティング	④価格シグナリング	⑦イメージ・プライシング
低い留保価格を持つセグメントがある場合	②経時的ディスカウンティング	⑤浸透価格、経験曲線プライシング	⑧価格バンドリング、プレミアム・プライシング
誰もが特別な取引コストを持つ場合	③第二市場ディスカウンティング	⑥地理的プライシング	⑨補完的プライシング（二面プライシング・虜プライシング）

学割のように人によって価格を変える。映画のマチネのように時間帯で変える場合もある　　場所で価格を変える

（出典:テリス(1986),p.148を修正）

　時間で価格を変えていくことをダイナミックといいますが、この表の中では、②の経時的ディスカウンティングが徐々に価格を下げていくので、ダイナミックといえます。ただ、下げていくばかりで上げはないので正式なダイナミック・プライシングではありませんね。

　また「ランダムな安売りでお買い得感を訴求しつつ、安売りに関心のな

い層には高くても買ってもらい利益に貢献してもらう」というランダム・ディスカウンティングは、ダイナミック・プライシングに近いかもしれません。

⑥の地理的プライシングは、競争の激しい地域では安くして、競争の少ないところでは高くするので、これは競争状態で価格を変えるという意味ではダイナミック・プライシングです。

そして③の第2市場ディスカウンティングですが、これは学割のように人の属性によって価格を分ける場合や映画のマチネのように時間帯で価格を変える方法で、ダイナミック・プライシングといえますね。人の属性によって価格を差別化するという考え方は主としてこれだけです。

ただ⑧のプレミアム・プライシングも高級バージョンを好む人には、高級版を買ってもらうというものです。商品・サービス自体は若干レベルが異なりますが、人による価格の差別化かもしれませんね。

その意味では⑦のイメージ・プライシングも少し類似しているかもしれません。

このようにダイナミック・プライシングの理論の原型は、ちゃんと前からあったということですね。でもどれもダイナミック・プライシングみたいに頻繁な価格変化はないのですから、やはり別物といっていいでしょう。

31 繁忙・閑散期以外に、どんな条件（変数）で価格を変える？

盆と正月、GW は同じ部屋でも高くてあたり前だが…

日経ビジネス2019年3月18日号にダイナミック・プライシングの特集 (pp.26-43) がありましたが、これによると価格をこまめに変えられる要素としては以下のような条件があげられています。

季節、曜日、天候、鮮度、人気度、入手までの時間、希少価値、直前の売れ行き、購入者の属性（価格感度）など。

たとえば季節・曜日については以下のように伝統的なものでした。

①季節

お盆、正月、そして GW には交通料金もホテル価格も何でも高くなりますね。これは国民の大行事で年に何回もない長い休みが一斉に取れるから、民族大移動が起こり、行楽地はどこも満員となり、移動も宿泊予約も難しくなります。

この場合のダイナミック・プライシングは伝統的なもので、**需要調整**という意味合いが強いものです。しかし企業側にとってみたら、まさにかき入れ時ですよね。顧客は、「混んでるから仕方がないな」と感じているかと思います。時間的に融通の利く筆者などは、高いし、混むしで、こういうシーズンにはなるべく動かないをモットーにしております。

　全国的な動きでなくとも、一地域で同様の例もあります。それは京都の春と秋です。春は桜、秋は紅葉が人気の的になっています。新型コロナ対応中は別として、観光客で一杯、歩くのも人が多すぎて大変です。この時期には、タクシーも拾えず、ホテルも取れず、レストランも予約で埋まっています。この時期は需要の調整もあり、ホテル料金はどこも驚くほど高くなります。

②曜日

　これは土日料金がスポーツクラブなどで高くなるのが典型的な事例です。「平日なら安い」ということですが、やはり混雑緩和の需要調整の意味合いが大きいのです。安さを求める人は平日会員となり、土日しか行けない人は高い会費を負担することになります。

　たとえば表31を見てください。これは江東スポーツ施設の夢の島野球場の利用料金です。土日祝日で値段が異なるのがよくわかりますね。ホテルのプール料金でもリゾートホテルでも同様ですね。

表31　江東スポーツ施設夢の島野球場利用料金

〇軟式野球場（2時間）

	昼　間	ナイター
平　日	¥2,250	¥9,950
土日祝日	¥3,100	¥10,800

〇少年野球場（2時間）

	昼　間	ナイター
平　日	¥650	
土日祝日	¥800	

ユニバーサルスタジオジャパンの場合

　他に子ども料金・大人料金・シニア料金など**年齢で価格を変える**というのも需要刺激策で全体の収入拡大という点から一般的でしたが、その他の要素に関しては、最近どんどん導入されてきています。このため料金、つまり価格がどんどん複雑化しています。

　たとえば大阪のユニバーサルスタジオジャパン(以下USJ)の料金ですが、極めて複雑です。ある日の1日券(スタジオ・パス、入場券)価格が、大人(12歳以上)7,800円(これ以降も税込表示)、子ども(4～11歳) 5,400円、シニア(65歳以上) 7,100円でしたが、入場日によって料金は異なります。そして障害者向け料金が、大人4,200円、子ども2,900円であり、またロイヤル・スタジオ・パスといって、対象のアトラクションを何度でも繰り返し、待ち時間を短縮して楽しめるエクスプレス・パスや多様な特典の付いたチケットは、大人27,000円、子ども24,300円と格段に高くなります。このチケットもやはり入場日によって料金は異なるのです。

　トワイライト・パスつまり半日券もあり、15:00からの入場が大人5,900円から、子ども3,500円からとなっています。他にも1.5日券、2日券、本人および家族の誕生月とその翌月の2ヶ月間買えるバースデー・1デイ・パス、バースデー・2デイ・パスやClubユニバーサル会員の4歳の誕生日を迎える子どもの誕生月とその翌月の2ヶ月間買える「4歳バースデー・インビテーション・パス」、年間パス(除外日の設定で料金が3段階に変化)、ギフト用のパス、特定イベント入場確約のユニバーサル・エクスプレス・パス等もあります。

　企業の業種特性に応じた、かなり複雑な料金体系となっていますから、おそらく利用者は詳しいレクチャーでも受けない限り、混乱してフラストレーションを溜める可能性は大きいでしょう。しかし、こういうコマメな料金設定は、WTP（Willingness to Pay、支払い意志額）をみながら決めているので、顧客の感情とは別にどんどん利益を生んでいくに違いないでしょう。

大リーグの試合の場合

このダイナミック・プライシングが大きな話題として採り上げられるきっかけになったものに大リーグの野球試合の入場料があります。毎日新聞2010年9月14日朝刊の記事を少しずつ抜粋しながら見ていきましょう。

『62億ドル（当時のレートで約5,270億円）──。「100年に1度」といわれた不況をものともせず、米大リーグの総収入は昨年、過去最高を更新した。原動力となったのは革新的なチケットの販売手法や各地で建設が相次ぐ新球場の経済効果。…航空券のように日替わりで料金が上下する変動価格制度。昨年、大リーグで初めて外野席の一部に導入したジャイアンツが今年、対象を4万1500の全席に拡大した。』

『料金を上げ下げする「変数」となるのは先発予想投手、対戦相手のチーム成績、記録達成の可能性、天気予報、チケットの売れ行き、花火ショーや首振り人形のプレゼントなどプロモーションの中身。まず、開幕約2カ月前の2月1日に基準価格を発表し、その後、スタンリー副社長を中心とするチケット販売担当者が毎朝会議を開き、新たな情報を考慮しながら50セント～1ドル（約42～約85円）の幅で料金を変動させる。』

まだ導入はじめだったので、試行錯誤の感じが出ていますが、いまやいろんなパターンをAIで分析してシミュレーションすれば、料金がいくらならどのくらいの売上や利益が得られるのかがはっきりするわけですね。そのためにも企業側はいろんな条件で価格を変動させデータを取るための事前の試行錯誤をしたのでしょう。しかし、事前に多様な条件を幅広く設定しておいて、どういうときに売上が大きくなったかをデータで見ておけば、だいたいどういう条件が重要かのあたりをつけることはできます。

『外野の2000席で試験的に導入した昨年は、年間延べ2万4000席、金額ベースで50万ドル（約4250万円）を上積みできたという。そして、今年。8月末現在で観客数、チケット収入のいずれも前年比5～7％押し上げているという。最も高騰したのは6月下旬のレッドソックス戦のバックネットに近い内野席。基準価格で135ドル（約1万1500円）だったが、最終的には225ドル（約1万9000円）の値が付いた。逆に最安は開幕直後のパイレーツとの3連戦の左翼外野席で、基準価格と同じ5ドル（約425円）だった。』

確かに企業側は利益が出ますね。また安く買えるチケットも登場するのは顧客にとっての利益ですね。ただ価格で試合の価値を事前に知らせることになるのはどうなのでしょうか。

『真の目的は販促―

球団に多大な収入増をもたらしたダイナミック・プライシングだが、本当の狙いはチケットを高値で売り付けることではなく、シーズンチケットの販売を促すことだという。その証拠にジャイアンツは全座席の7割で、基準価格を昨年の料金よりも引き下げた。「この1年間の値動きを見ていれば、早く購入するほど料金は安いことが分かるはずだ。割引特典のあるシーズンチケットはさらに安い」とスタンリー副社長。現在65％のシーズンチケットの比率を来年には75％に引き上げる目標を立てている。また、彼は新しい料金制度に関する情報をレッドソックス、フィリーズ、ヤンキースなどの他球団と共有していることも明かした。』

私が一番感心したのはこの部分です。おそらくシーズンチケットの割安感を感じてもらい、経営安定を早期に図りたいのでしょう。このプライシングはどの業界にも大きなヒントになるはずです。

32 その価格に消費者は納得するのか？

価格に公正感を持たせるには

皆さんマーケティングの4Pというのをご存じでしょうか。Product、Promotion、Place、Priceから構成され、必要とされるマーケティング活動の種類を表しています。これを価値表現で表したものを見ると、Product=価値形成、Promotion=価値伝達、Place=価値実現、Price=価値表示となります。つまり価格は「価値表示」で価値を表現するものですから、ダイナミック・プライシングの場合、この価値表示がコロコロ変わることになります。

◆ダイナミック・プライシングが向くもの・向かないもの

時と場合において、価格表示が変わり、混んだときは高くなり、空いているときは安くなるので需給調整の場合には、わかりやすいことはわかりやすいのです。

しかしながら、プレステージを表すブランドものの価値表示がコロコロ変わると、既に買った人はどう思うでしょうか。

　ある人が高級ハンドバッグを買ったとして、その価格が曜日により、店により、天候により、人気の動向により、コロコロ大きく変わったらどうでしょうか。買った人はたまったものではないですよね。こういうものにはダイナミック・プライシングは向かないでしょう。消費者が納得するものでないといけません。

　特に人によって価格がコロコロ変わる場合は、大きな問題をはらんでいるのかもしれません。Aさんの場合には、3,000円で買えたものが、Bさんの場合には5,000円を提示され、BさんがAさんの購入額を知っていたとしたら、Bさんの反応はどうでしょうか。たぶん損をしたと思い、不公平感を感じ、悔しいでしょうね。

　このように理由も知らされず、価格差別をなされた場合が問題となります。

企業の都合で価格を変えることへの反発が出る

　ダイナミック・プライシングの場合には、次のPart7で扱うサブスクリプション(定額での販売)と違い、企業の利益になることが多い、**企業の、企業による、企業のためのプライシング**という側面が強いわけです。

　前の図30で見たように、ある価格で消費者が何かを買ったけど、本当はもう少し高くても買った(WTPです)という場合、このWTPと実際買った価格との差が「消費者余剰」、つまりその分「割安だった」と感じることになります。**ダイナミック・プライシングは、この「消費者余剰」を、企業が奪い取るプライシング**とも考えることができます。

　ですから、大抵の場合、消費者は、利益に基づく価格の引き上げに**価格の不公正を感じ、否定的な感情を持つ可能性が高い**のです。企業も気になるところは、このことによる「顧客離れ」でしょう。

　前出の日経ビジネス2019年3月18日号のダイナミック・プライシングの

特集(p.34)に「どんな要因であれば価格変動を受容できるか」というアンケート結果が載っていました。

これによると、一番納得できるのは、「**鮮度**によるもの」であり、日常的に慣れているからという理由があげられていましたが、実際のところ鮮度＝**品質**ですので、品質のいいものは高くても納得ということで95％程度の人が納得できるということでしょう。次に「**季節**」で80％弱の人が納得、人気度や商品の希少価値で60％程度の人が納得という結果でした。「天候」、「商品入手までの時間」、「直近の売れ行き」という要因に関しては、納得と納得できないが半々でした。

この調査で関心を引くのが、購入者の属性と購入者の買い物履歴で価格を変えることに対する結果です。どちらも受容できないが75％程度で、納得できるという割合を大きく上回っていたことです。

図32　ダイナミック・プライシングに関する消費者の要因別受容割合

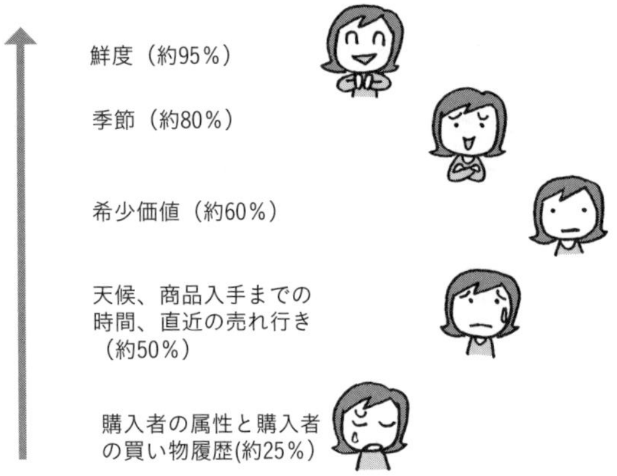

鮮度（約95％）

季節（約80％）

希少価値（約60％）

天候、商品入手までの
時間、直近の売れ行き
（約50％）

購入者の属性と購入者
の買い物履歴(約25％)

注：％の数字は受容できる割合　　出典：日経ビジネス 2019 年 3 月 18 日号 p.34 を元に筆者作成

やはり人の属性と買い物履歴によるダイナミック・プライシングは、価格差別であり、受容しがたいということですね。

消費者の「不公平感」を減らすには

　ダイナミック・プライシングによる利益のシミュレーションについては、ニューラルネットワーク・モデル活用等AIの活用で対応できますが[※]、消費者の「不公平感」を減らすには、ある程度の社会での慣れが必要であり、時間が解決することも大いに考えられます。特にホテルの価格や飛行機の料金など需要調整で混雑緩和という消費者の納得できる理由があれば、皆が仕方ないと受け入れ、そのダイナミック・プライシングは受容されやすいでしょう。

　その他に実施すべきことは、①**価格の幅を適度にする**、②**情報提供等で価格の公正性(Fairness)を高める**ことにより消費者の納得感を高める等があります。

　①の「価格の幅を適度にする」については、価格を変動させる要因ごとにPart9で扱う価格の分析を行い、**適度な上げ幅を検討**することが望ましいでしょう。特にそこで扱うPSM法が消費者の価格受容範囲を探るのに向いています。

　②ダイナミック・プライシングで価格を上げるときには、**バーターとなる理由**がほしいところです。

　上げるときには、消費者個人にカスタマイズした何らかの情報をつけてあげると、納得感は少し高まるだろうと思われます。たとえば、リゾートホテルで土日料金を上げるときには、近辺の土日の催しや土日ならでの関心を高める情報提供等がいいでしょう。

※本書の範囲を超えるため，ニューラルネットワーク・モデルについては言及しません。使い方は通常の多変量解析のソフトウェアと変わりありません。

Part 7

サブスクリプション

昔からある「定額制」が今見直されている

33 サブスクリプションとは何か

サブスクリプション・エコノミーのビジネスモデル

価格が目まぐるしく変化するPart6のダイナミック・プライシングの対極が、**定額制**のこの**サブスクリプション**です。

ではこのサブスクリプションとは一体何でしょうか。辞書には大抵「新聞雑誌等の定期購読などの定額サービス」と出ていることが多いのです。それなら多様なレンタルサービスも含まれることになりますね。しかしながら、最近、話題が盛り上がっているサブスクリプションとは、**サブスクリプション・エコノミー（サブスク・エコノミー）**と呼ばれ、以前の定期購買とはやや意味合いが異なるビジネスモデルとなっています。

このサブスク・エコノミーは、「従来型の単なる定額サービスよりも利益が上がる」という特徴を持っているから注目をあびているのです。なぜなら顧客との関係性強化がその根底にあり、**ワンツーワン・マーケティング**（個々人の特徴を把握した上での個人対応のマーケティング）を取り入れつつ、顧客との長

期継続的な付き合いから利益を拡大していこうというものだからです。

◆モノへのニーズからコトへのニーズへ

その前提条件となる環境変化が、消費者のモノへのニーズから**コトへのニーズ**への変化です。

つまり、音楽を聴くのは、「CDを買ってみたり、1曲ずつ購買してダウンロードして所有してみたりする」ということよりも「聴くという経験の方を重視し、所有する必要がない」という流れが強くなっているのです。特に都心のスペース不足の住人たちは、モノを買って住むスペースを狭くするよりも使うことをより重視するようになってきているのは当然ですよね。このような**使用経験重視**の傾向に加えて、情報化が進み、顧客個人のデータが蓄積され、音楽であれば、いくつかの曲を聴くと、「次はこういう曲はいかが」とスポティファイのように**レコメンデーション**できるようになっています。それゆえ、顧客は音楽を聴きたいときにはいつでも好きなだけ聴くことを望みます。

結果として、顧客は、月々一定額を支払い、「いつでも、好きなだけ、何でも」という自己の音楽ニーズを満たすのです。

そして**アップセル**といって、「よりプレミアムに移行しませんか、料金はこの程度だけ払えばいいのです」と薦めたり、関連のあるもの、たとえばスピーカーなどを売ったり（**クロスセル**）して顧客により多く支払ってもらい、企業は利益を拡大していきます。

また顧客が離れそうになると、「もっと安いプランがありますよ」と言って引き留める（**ダウンセル**）などして、関係性の継続を図るのです。つまり図33のような状況でこのサブスク・エコノミーのプライシングとしてサブスクリプションが世の中に出てきたわけです。

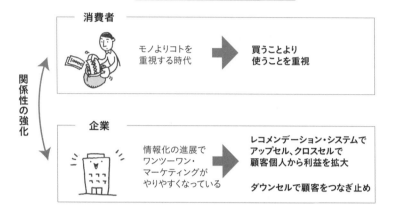

図33 サブスクリプションの登場

消費者

モノよりコトを
重視する時代　→　買うことより
　　　　　　　　 使うことを重視

関係性の強化

企業

情報化の進展で
ワンツーワン・
マーケティングが
やりやすくなっている　→　レコメンデーション・システムで
アップセル、クロスセルで
顧客個人から利益を拡大

ダウンセルで顧客をつなぎ止め

付き合いが長くなれば、顧客の利便性は強化され、企業の利益は拡大する。

◆業界の雄が変わるサブスク・エコノミー

　このような時代の流れにより、アメリカにおいて隆盛を誇り、音楽関連の通信販売サービスの雄であったコロンビア・ハウスは2015年に破産し、市場から退場しました。コロンビア・ハウスは、数十年にわたってアメリカ音楽通販市場を支配し、8トラックの時代から、カセット、CDと音楽供給形態を変えてきましたが、所有を伴わない音楽配信サブスク・サービスを行うスポティファイに敗れ去りました[※1]。

　映像配信サービスでは、やはりアメリカ発のネットフリックスが有名で、これは誰もが知っていますよね。

　日本でも月額制で、電話かけ放題のスマホ通信プランやインターネット使い放題サービス等が有名ですね。

　新しいところでは、キリンビールが行っている、月額2,800円支払えば、関係する飲食店でクラフトビールを来店1回1杯実質無料(800円程度)となる「クラフト ビア サポート」という事例があります。アルコール依存症でも

※1 ティエン・ツォ、ゲイブ・ワイザート (桑野順一郎監訳、御立英史訳) (2019)『サブスクリプション』ダイヤモンド社、7刷、p.50

なければ月に20日も通わないでしょうが、もし通えば、800円×20日＝16,000円となり、16,000円－2,800円＝13,200円の得になります。このサービスは、参加する飲食店のサポートの意味合いが強く、2020年のコロナ禍で減少した飲食店の集客回復を支援しているわけです[2]。

　また食事の宅配代行サービスで日夜、自転車で走り回っているウーバーイーツも配送料を除く料理代等が1,200円を超えた場合に、このサブスクリプションを適用しています。通常は、注文した時間帯、届け先までの距離、配送員の数と注文数の需給などから計算し、1回50〜700円ほどかかりますが、定額制では月額980円です。顧客はだいたい3〜4回の注文で元が取れ、ウーバーイーツとしては競争相手に対し、有利な立場に立てることになるのです[3]。

◆安定した経営が実現できるメリット

　このサブスク・エコノミーでは、一回一回の顧客との関係と異なり、継続性があるので、顧客との関係が長くなるほど売上（定期収益）が固定的に入ってくる仕組みです。だから収益の見通しが立てやすくなり、営業費用も節減できることになり、経営上、楽になるのです。つまり定期的に家賃の入ってくる大家さんのようなものですよね。

　具体的な躍進の数値例としては、アメリカの事例として、有名なソフトウェア会社であるアドビがあります。アドビは2011年に商品販売型からクラウド型のサブスクリプションに移行したところ、株価が約25ドルから年率25％のペースで上昇し、2018年には約190ドルを上回りました。そして総収益の70％以上が定期収益となり、継続性があるので、安定した経営を行っています。

※2　日経MJ　2020年7月27日号
※3　日経MJ　2020年8月12日号

34

サブスク・サービスの分類❶

放題の種類と追加コストの種類：選び放題＆使い放題

　この章ではサブスク・サービスを分類しておきましょう。

　サブスクリプションは前出のダイナミック・プライシングに比べるとその複雑な特徴から全貌を把握しにくいのです。表34を見てください。サブスク・サービスには「〜放題」の種類が複数あり、分類がやや複雑です。この表では、分類軸をタテの「〜放題」の種類とヨコの企業のサービス追加コストの2つに設定してあります。

　はじめに「〜放題」の内容ですが、ここがまずややこしいですね。「〜〜だったら、放題」には「多品種の中から選び放題かつ使い放題」というのと「1つのものを使い放題」というものがあり、両者は同じ「放題」ですが、次元が異なります。そしてまた「定期的には違う種類を選ぶことが可能で、使い放題」という中間的な「放題」もあります。たとえば⑦トヨタ自動車のKINTOでは、サービスによってはある期間を経た後であれば違

う車に乗り換えることができますが、定額でいつでも好きな車に乗り換えられるわけではなく、「限定的な選び放題」となっています。

加えて使い「放題」自体も音楽のように「聴き放題」とか飲食における「食べ飲み放題」という1回の数量限定なしもあれば、美容サービスのように1回のサービス量は限定的だが、「毎日来放題」というのもあり、両者は異なります。

これらの放題の種類の組み合わせでサブスク・サービスは存在しますが、ぱっと見ではどういうサービスかわかりにくいのです。

表34　サブスク・サービスの分類と具体例

追加コスト（企業）／放題の種類	高追加コスト*	中追加コスト	低追加コスト
選び放題＆使い（消費）放題	①ストライプ・インターナショナル「メチャカリ」	②エアークローゼット ③Laxus(高級バッグ)	④スポティファイ ⑤ネットフリックス
限定選び放題＆使い(消費あるいは来店)放題	⑥パナソニック「安心バリュープラン」 ⑦トヨタ自動車KINTO	⑧美容室「メゾン」	⑨ソニーの「PSプラス」
使い(消費あるいは来店)放題	⑩favyの290N、コーヒーマフィア ⑪高級フレンチ「Provision」	⑫カラオケ「カラ鉄ホーダイ」	⑬マイクロソフトのOffice365 ⑭交通等の定期券

＊ 追加コストは、金額に占める率で考える

次にヨコ軸の分類軸として「〜放題」の場合のサービスを顧客が追加で得ようとするとき、企業側にかかるコスト負担がどの程度かで高中低の3種類のコストを設定します。

たとえばデジタル財である場合、需要に応じて④スポティファイのように配信するだけだと追加コストはほぼかからないので、低追加コストになります。ところが、アパレルサービスのような場合、利用し放題での追加サービスは洋服等が新品か中古かでそのコストが変わってきます。たとえば①のメチャカリは常に新品を準備しますが、②エアークローゼットはク

リーニング済みの中古品を混ぜ込むことにより、追加コストを抑えています。そこで新品利用のメチャカリは高追加コストに、中古品を混ぜ込む②エアークローゼットは中追加コストとなりますよね。

　以上より、表34のように選び放題＆使い（消費）放題、限定された選び放題＆使い（消費あるいは来店）放題、使い（消費あるいは来店）放題のみの3種類のタテ軸の分類軸を設定し、生じたマトリックスの各マス目に入るのが種々のサービスです。これらはすべてのサブスク・サービスを網羅しているものではなく、有名なものからピックアップして載せています。それぞれを簡単に解説しておきましょう。

追加コスト（企業） 放題の種類	高追加コスト＊	中追加コスト	低追加コスト
選び放題＆使い（消費）放題	①ストライプ・インターナショナル「メチャカリ」	②エアークローゼット ③Laxus(高級バッグ)	④スポティファイ ⑤ネットフリックス
限定選び放題＆使い（消費あるいは来店）放題	⑥パナソニック「安心バリュープラン」 ⑦トヨタ自動車KINTO	⑧美容室「メゾン」	⑨ソニーの「PSプラス」
使い（消費あるいは来店）放題	⑩favyの29ON、コーヒーマフィア ⑪高級フレンチ「Provision」	⑫カラオケ「カラ鉄ホーダイ」	⑬マイクロソフトのOffice365 ⑭交通等の定期券

① 「メチャカリ」

　定額で洋服が借り放題となるサブスク・サービスです。1ヶ月に借りられる洋服の数に制限はなく何度でも借り換えられます。そして気に入ったアイテムがあった場合には購入可能となります。使わないアイテムはクリーニング不要でいつでも返却可能です。ただ月額5,800円（税別）のベー

https://mechakari.com/

シックプランの場合には、1度に手元における点数は3点までとなります。

特徴的なのは、前に述べたように取り扱いアイテムがすべて新品であることです。このため企業にとっては追加コストが高くなります。また借りたアイテムの返却（返却手数料380円＋税／回が別途かかる）の際にはクリーニング・洗濯しなくてもよく、管理も簡単です。この返却されたアイテムはwebサイトで中古販売されています。

取り扱いブランドは、アースミュージックアンドエコロジー、アメリカンホリック、グリーンパークス、イーハイフンワールドギャラリー、コエ、セブンデイズサンデイ、クラフトスタンダードブティックなど非常に数が多いようですね。

②エアークローゼット

https://www.air-closet.com/

上述のメチャカリと似ていますが、エアークローゼットは月額の会費を支払って1ヶ月間洋服が借り放題になります。重要なのは、顧客の体型や好みのテイスト、着るシーンに合わせてプロのスタイリストが選んでくれるというもの。顧客との関係性を強化していき、アドバイザー機能を重要なマーケティング・ツールとしています。スタイリストは指名もでき（指名料は550円）、毎回異なるスタイリストを選ぶことができます。基本となるレギュラー1ヶ月プランの月額会費は10,780円（税込）であり、オプションでアクセサリーを借りることもできます。

1回に送られてくるのは3着ずつであり、ある程度満足したら返送し、数日後にまた3着が送られてくるというシステムです。ただしメチャカリと同様1回ごとに返送料はかかりますが、洗濯する必要がありません。対応商品は新品ばかりではないので、追加コストは中としました。

③ Laxus（高級バッグ）　　　　　*https://laxus.co/*

　月額7,480円（税込）で、57ブランドの高級バッグが無期限・個数無制限で使い放題となります。そして2020年現在、アプリ内でIP＝1円で利用できるポイント1万円分が付与されるため、初月無料で試せることになるのですからお得感がありますね。ラクサスに登録してバッグを予約すると、ほぼ新品の高級バッグが自宅に届きます。そして借りたバッグに飽きたら、別の好

きなバッグに取り替えてもらえます。このときの返送料は無料です。また通常使用で傷がついたときは、キズ補償付きなので安心して使用できます。輸入バッグ中心ですが、これからだんだん国内メーカーのバッグも入荷予定だそうです。

　利用可能なブランドは、エルメス、ルイ・ヴィトン、シャネル、プラダ、グッチ、セリーヌ、フェンディ、ディオール、ロエベ、サンローラン、バレンシアガ、ゴヤール、ボッテガ・ヴェネタ、ヴァレンティノ、クリスチャンルブタン、ジバンシー、サルヴァトーレ・フェラガモ等、57ブランドあります。ずいぶんたくさんありますね。対応商品は新品ばかりではないので、追加コストは中としておきました。

④ スポティファイ　　　　　*https://www.spotify.com/jp/*

　無料プランもありますが、有料の定額音楽配信サービス、スポティファイ・プレミアムは標準のプランで月額980円（税込、以下同）であり、利用人数の増えるプランになれば、月額1,280円（2人まで）、1,480円（6人まで）であり、学割の480円もあります。有料プランでは音質が向上し、「ダウンロード機

能」と「オフライン再生」がついています。類似のものとしては、アップル・ミュージック、ライン・ミュージック、ユーチューブ・ミュージック、アマゾン・ミュージック等があります。デジタル系であるため、追加コストはほぼかかりません。

⑤ネットフリックス

https://www.netflix.com/jp/

　映画・ドラマなど定額動画配信サービスで、パソコンやスマホ、タブレットなどで完全見放題という点が最も大きな強みです。気に入ったコンテンツがない場合はいつでも解約ができます。ネットフリックスには３つのプランがあり、「ベーシック」がSD画質、同時視聴可能が１台で880円（税込）、「スタンダード」がHD画質、２台で1,320円、「プレミアム」がUHD 4K、４台で1,980円となっていて、スタンダード以上のプランでは、家族や友人とシェアが可能であり、顧客側の１人あたりのコストは低下します。ネットフリックスは、レコメンデーション機能を備え、オリジナル作品が豊富であり、世界中で視聴され、世界130ヶ国、１億8,200万人の会員数がいるようです[※]。

　類似のサービスにはU-NEXT（ユーネクスト）、Hulu（フールー）、Amazonプライムビデオ等があり、こちらもデジタル系であるため、追加コストはほぼかかりません。

※ https://boxil.jp/beyond/a5830 を参考にした。

35

サブスク・サービスの分類❷

限定選び放題＆使い放題

　今度は表34の中段、限定選び放題＆使い（消費あるいは来店）放題のところを説明しましょう。

追加コスト（企業）／放題の種類	高追加コスト※	中追加コスト	低追加コスト
選び放題＆使い（消費）放題	①ストライプ・インターナショナル「メチャカリ」	②エアークローゼット ③Laxus(高級バッグ)	④スポティファイ ⑤ネットフリックス
限定選び放題＆使い(消費あるいは来店)放題	⑥パナソニック「安心バリュープラン」 ⑦トヨタ自動車KINTO	⑧美容室「メゾン」	⑨ソニーの「PSプラス」
使い(消費あるいは来店)放題	⑩favyの29ON、コーヒーマフィア ⑪高級フレンチ「Provision」	⑫カラオケ「カラ鉄ホーダイ」	⑬マイクロソフトのOffice365 ⑭交通等の定期券

⑥パナソニック「安心バリュープラン」 ※1

https://ec-club.panasonic.jp/product/anshin-value/

3年または5年おきにPanasonicの最新のテレビが届く定額サービスです。

※1　https://cospabu.com/service.php?id=463　を参考にした。

テレビは年々新たな技術が登場し、進化しているため、最新の技術を使ったテレビを見たい人にとっては便利なサービスです。料金は商品によって違いますが、月額2,300円〜月額15,000円で利用可能で、また利用中は常に修理保証がついていて、故障しても安心だとしています。新

しいテレビに交換する際には、近くのパナソニックショップのスタッフが来てサポートしてくれ、また、古いテレビも持ち帰ってくれるため、リサイクルをする手間もありません。ただし、最近のテレビはそれほど故障もしないし、1つのテレビを長く使う人には割高で不向きかもしれませんね。たぶん筆者には不向きかなと思います。

　類似の家電サブスク・サービスとしては、強力な掃除機で有名なダイソンテクノロジープラス、レンティオ、カメラのサブスクとしてグーパス等があります。リアルな製品で対応するため、追加コストは企業にとって高くなります。

⑦トヨタ自動車 KINTO [2]　　　　　　　https://kinto-jp.com/

　KINTOの指定した新車車種の中から好きな車1台を3年間、5年間、7年間と一定期間楽しめ、頭金なしで、登録諸費用や税金、定期メンテナンス、任意保険等をワンパッケージ化した、一定期間で乗り換え可能な月々定額制サービスです。またレク

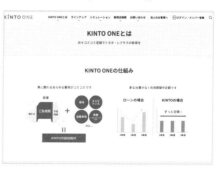

サスブランド車を除いて契約期間中でも他車種に乗り換え可能な「のりか

※2　https://jidounten-lab.com/w_toyota-kinto を参考にした。

え GO」サービスもあります。このサービスは、新車を乗り継ぐため、企業の追加コストは高くなります。

　KINTO ONE というプランでは、月額料金は車両、オプション、車両保険を含む任意保険、メンテナンス・故障の修理、自賠責保険・重量税・登録手続き等の諸費用が含まれた定額となっています。ただし、この契約には制限もあり、月間走行距離月間1,500km、3年間なら5万4,000kmまでとなります。ネットの書き込みを見ると、この距離を超えてしまうとひどく怒られることがあるそうです。また利用可能な車種は全部で21種類用意されています。

　料金に関しては、最も安いのがトヨタのコンパクトカー「パッソ」で月額3万2780円（税込、以下同）からです。最も高いのはレクサスのSUV「LX」で月額19万8000円からですから高いですね。

　そして別プランであるKINTO FLEXでは、レクサス6車種から好みの車両を選び、月々の定額で3年間利用することが可能で、「3年6台プラン」と「3年3台プラン」の2つのプランがあります。「3年6台プラン」の方は3年間で6台のレクサスを乗り継ぐ方式となり、「3年3台プラン」の方は3年間で3台のレクサスを乗り継ぐ方式となります。なんか贅沢な感じがしますね。このプランの登録諸費用など月額料金に含まれるものはKINTO ONEと同様であり、アフターサービスはレクサスの正規販売店がしてくれます。RX450h version L、ES300h version L、RC300h F SPORT、NX300h F SPORT、IS300h F SPORT、UX250h F SPORTの6車種が対象車種であり、グレード、オプション、車色はすべてKINTO指定となります。先ほど出てきましたが、「3年6台プラン」の月額料金は19万8000円、「3年3台プラン」の月額料金は17万6000円です。

　類似の自動車サブスク・サービスは、ホンダの、最短1ヶ月から借りられる「Honda Monthly Owner」、日産の「3年」「5年」「7年」の3契約期間から

選べる「Click Mobi」があります。また中古車販売大手のIDOM（旧ガリバーインターナショナル）も中古車を月額定額で利用できる「NOREL」を展開しています。リアルな製品で対応するため、追加コストは企業にとってどうしても高くなりますね。

⑧美容室「メゾン」

https://mezon.jocy.jp/

800以上の提携美容室のシャンプー、ブロー、ヘアケア（ヘッドスパ・トリートメント等）がどこでも通い放題の定額サブスク・サービスです。提携美容室は14項目の独自の審査基準「MEZONクオリティ」を満たした美容室のみであり、顧客は安心できるというものです。2021年1月現在、提供エリアは首都圏や関西圏のみならず、30都道府県をカバーしています。

サブスク・サービスのメニューは、シャンプー・スタイリング通い放題（平日）で月額16,000円、シャンプー・スタイリング通い放題（全日）で25,000円、シャンプー・スタイリング通い放題（平日）＋月2回ケアで25,000円、シャンプー・スタイリング通い放題（平日）＋月4回ケアで33,000円となっています。ずいぶん分けたものですね。

類似サービスは、アティーナ、ミルーナ・ビューティ等があります。また追加コストを中としているのは、コストはほぼ人件費のみだからです。

⑨ソニーの「PS プラス」 *https://www.playstation.com/ja-jp/ps-plus/*

PS Plus とは、ソニーのゲーム機  であるPS4 / PS3 / PS Vita・PS Vita TV 利用の顧客を対象とし、月々 850 円支払ってプレミアムな特典を 受けられる加入者限定の定額サー ビスです[※]。機器により利用できる サービスは異なりますが、たとえば、 人気タイトルを追加料金なしで回 数や時間の制限なく遊べることや世界のプレイヤーと対戦・協力を楽しめ るオンラインマルチプレイ等を利用できます。たぶんオンラインマルチプレ イはファンにとっては堪えられないのでしょうね。

また最新のシステムソフトウェアのアップデートデータや、最近プレイ したゲームソフトの更新データを顧客は自動的にダウンロードできるとい う特徴を持っています。

類似サービスとしては、ニンテンドースイッチオンライン、アップルアー ケイド、エレクトロニックアーツ等があります。このサービスは、やはり デジタル系であるため、追加コストは低いとしました。

※ 1 ヶ月利用権。3 ヶ月利用権は 2,150 円、12 ヶ月利用権は 5,143 円　税込

36 サブスク・サービスの分類❸

「使い放題」

ひとりカラオケ
18時間×1週間
元はとれたけど゛
もう限界です…
マイクを置きます

　最後です。もう少しの辛抱？です。今度は表34の下段、使い（消費あるいは来店）放題のところを説明しましょう。

追加コスト（企業） 放題の種類	高追加コスト＊	中追加コスト	低追加コスト
選び放題＆使い（消費）放題	①ストライプ・インターナショナル「メチャカリ」	②エアークローゼット ③Laxus(高級バッグ)	④スポティファイ ⑤ネットフリックス
限定選び放題＆使い（消費あるいは来店）放題	⑥パナソニック「安心バリュープラン」 ⑦トヨタ自動車KINTO	⑧美容室「メゾン」	⑨ソニーの「PSプラス」
使い（消費あるいは来店）放題	⑩favyの29ON、コーヒーマフィア ⑪高級フレンチ「Provision」	⑫カラオケ「カラ鉄ホーダイ」	⑬マイクロソフトのOffice365 ⑭交通等の定期券

⑩ favy の 29ON とコーヒーマフィア　　*https://www.29on.info/*

　まず29ONですが、食マーケティング総合企業の株式会社favyが展開する**完全会員制の「焼かない焼肉屋」**として有名です[※]。東京都内に4店舗展

※ https://xtrend.nikkei.com/atcl/contents/18/00010/00003/　を参考にした。

開する焼肉屋で、住所は非公開であ
り、店に行くには会員になるしかあ
りません。業界平均を大幅に上回る
20％を超える利益率を上げており、
かなり繁盛しています。もともと年
会費の会員制のコストコホールセー
ルのビジネスモデルを参考に、2016
年10月、東京・西新宿に1号店を
オープンして以来、2020年現在は都内4店舗（合計84席）あり、数千人の会
員がいます。

　通常会員の年会費は14,000円。高いように思えますが、会員になると
一般に10,000円レベルのコース料理を、店舗によって5,000〜7,000円で
食べられます。会員は友人を誘って4名で行くとすれば、10,000円レベル
のコース料理が1人あたり3,000円〜5,000円節約でき、12,000〜20,000
円の節約が可能となります。年会費と比べてみるとお得感が半端ではな
いようです。

　また他の人気の秘密は、食材原価率の高さでして、一般の飲食店では
30％程度なのですが、29ONの**食材原価率は50％を超え**ていて、それに加
えて希少なブランド牛や部位がふんだんに使われ、肉のお代わりもいくら
でもOKという点のようです。どう見ても高追加コストであるのは間違い
ありません。筆者もいつか行ってみたくなりますね。

　また同じくfavyが展開する定額制コーヒースタンド、コーヒーマフィア
『coffee mafia』[※2]は、2016年10月に西新宿でオープンしました。2021年2
月現在、都内に2店舗（西新宿、飯田橋）を展開しており、平日のみ営業してい
ます。顧客は事前にweb上で会員登録して、Lightプランで月額料金3,000

※　https://blog.favy.co.jp/7979/　、https://toyokeizai.net/articles/-/277755 を参考にした。

円（税込、以下同）を支払うと来店ごとに1杯300円のハンドドリップコーヒーを飲めるようになります。1日に複数回利用することも可能で現状、かなりの利用頻度だということです。顧客は一度会員になると、継続率は100%近く、長期的な会員になるようです。

　また他のプランもあり、月額4,800円のStandardプランは「クイックカップ」に加え、10種類以上のスパイスやシロップの中から、2種類をカスタマイズして飲み比べができる「コーヒーフライト」も無料となっています。そして月額6,500円のPremiumプランは注文してから一杯ずつハンドドリップでつくる「プアオーバー」を含めた、すべてのコーヒーメニューが無料となります。会員数は着実に増加しているようで、会員客は、スマートフォンの画面をスタッフに見せ、支払いをすることなくコーヒーを受け取る仕組みです。便利なものですね。

　こんな具合ですから材料費、人件費で追加コストは高いと思われます。

⑪高級フレンチ「Provision」

https://provision-tokyo.com/

　この店は、2016年に六本木交差点やミッドタウンから近い路地裏に、**来店し放題の月額定額制フレンチワインバー**としてオープンしました。会員には指紋登録を義務づけているようです。プランとしては、2つの種類があり、基本プランとしてUnisonは、会員含め4名まで一部追加料金メニューを除き30,000円（税別、以下同）でほぼすべての飲食代が含まれます。上級プランのDe Luxeは、同様に会員含め4名まで50,000円で、一部の限定高級ワインを除きますが、キャビアやフォアグラ、トリュフなどの高級食材料理を含むすべてが提供されます。また年会費一

括支払いの会員には、特典としてクリュッグやドンペリ等、高級ワインあるいはシャンパンを1本プレゼントされるようです。このサブスク・サービスは追加コストが高いのはおわかりでしょうが、なぜこれで利益が出るかが大いに疑問ですね。筆者なら3日に1回は来店しそうです。毎日はさすがに飽きるでしょうし、身体によさそうではありませんからね。この利益が出る仕組みについては改めて論じることにします。

⑫カラオケ「カラ鉄ホーダイ」※

　東京都、神奈川県、千葉県で展開するカラオケボックスチェーン「カラオケの鉄人」で月額1,500円（税別、以下同）の定額で利用し放題となるサブスク・サービスです。

　iXIT株式会社の定額課金サービス「ファーストパスポート」と提携しており、アプリをダウンロードして月額料金を支払って、受付時にアプリ画面を提示すれば、1日1回まで入室できる来店し放題となっています。しかも時間制限はなく、事前予約の必要もないといいます。ただし、ドリンク料金は別で、混み合う時間帯である金曜・祝前日の21〜23時、土曜の15時〜17時・21〜23時、日曜祝日の14時〜17時は対象外のようです。

　通常料金よりどのくらい安くなるかというと、平日夜間で1時間1,000円なので、2時間分2,000円の利用で元が取れてしまうわけです。カラオケ好きにはたまらないでしょうね。かなり安いので、ネット上では、ネットカフェ代わり、楽器の練習、自習室代わりに、仕事にとの声が上がっているようです。こういうカラオケとは別の用途で使われた場合には、1

※ https://u-note.me/author/nagasawamaki/20180515/463271 を参考にした。

人で毎日長時間ですから、企業にとっては経営上厳しくなるでしょうね。

　いったいどうやって利益を出すのかというと、おそらく、アプリを持っている本人しか使えないので、顧客の少ない時間帯に複数人で来店して、その集団性で稼ぐということになりますね。対応する人件費ということで中追加コストとしておきました。

⑬マイクロソフトの Office365 ※1

https://www.microsoft.com/ja-jp/microsoft-365/

　これまでマイクロソフトの統合型（ワープロ、表計算、データベース、プレゼンテーションソフト等）ソフトである Office は、Office2010、Office 2013、Office2016、Office2019 と 3 年間隔で定期的に最新版が発売されてきました。もちろん買い替えなくても同じ PC 上であれば、ずっと使えます。これらのソフトは、ダウングレード権はありますが、アップグレード権がないため、必要があって新しいバージョンを使うためには、都度買い直さなければならなかったのです。大学に勤める筆者は大学での PC 入れ替えの度に新しい Office を使えましたが大学の新しい Office でつくったファイルが自宅の古い Office で使えず、仕方なく自宅のソフトも買い直さなければならず、釈然としませんでした。もっとも新しい Office でファイルのバージョンを下げて保存すれば自宅の Office でも使えるのですが、面倒だったんですね。

　さてこのような買い切りのソフトであった Office ですが、マイクロソフトもアドビのようにサブスク・サービスに乗り出し、月額、年額で利用権

※1　https://licensecounter.jp/office365/blog/2020/03/office365-freemium.html を参考にした。

を購入(契約)するOffice 365を出しました。パッケージ製品としてこれまで販売してきたさまざまなサービスをクラウドから提供するというもので、Word・Excel・PowerPointの他にも、プランによってはメール・スケジュール、web会議、ビジネスチャット、クラウドストレージ等さまざまなグループウェア機能を利用できるサービスも提供しています。もちろん従来の買い切り版も並行して販売を続けています。

　このOffice 365の特徴は、サブスクリプションであるのはもちろんですが、デスクトップPCにもモバイル端末にもOfficeアプリケーションをインストールして利用可能であり、アップグレード権があるので、常に最新版のOfficeを利用できるということです。加えて個人用クラウドストレージ「OneDrive for Business」が1ユーザーあたり1TB付与されるのも大きなメリットになります。ただ契約が切れると使えなくなるのは、買い切り版と違って当然です。

　デジタルですので企業側に追加コストはほぼ生じないとしました。

⑭交通等の定期券

　たまには複数のスキー場の「全山リフト乗り放題」と同じような「バス全線乗り放題パス」等という選び放題もありますが、通常は電車やバスの定期券は選択肢もほぼなく、単に顧客に使い放題となり、企業側には追加コストはほぼ生じません。

　以上述べてきたプライシングにおけるサブスク・サービスはこれら以外にも非常に増えてきましたが、実務面の先行が目立ち、研究においてはまだまだ十分ではなく、論文検索してみても現時点で非常に少なく、これからの分野であることをいい添えておきましょう[※2]。

※2　茂木 雅祥 守口 剛（2019）『サブスクリプション価格が消費者行動に与える影響』経営情報学会2019年秋季全国研究発表大会報告資料　においてもその不十分さは指摘され、Spotifyを例にあげつつ、中でも収入源を広告費にするか利用者からのサブスクリプション料金かの議論が中心を占めているという報告もある。

37 サブスクリプションで顧客が手にするもの

利用代＋「ゆとり代」＋「ステータス代」＋
特定企業との良質なエンゲージメント

前Partで「ダイナミック・プライシングは企業の、企業による、企業のためのプライシングという側面が強い」と書きましたが、このサブスクリプションは、逆の側面、つまり顧客の満足を図りつつ利益も追うという側面が強いと思われます。どちらかといえば、**顧客に寄り添うプライシング**といえるでしょう。

利益面だけを考えると、ダイナミック・プライシングを企業は採用したくなると思います。それこそダイナミック・プライシングは、大企業が大きく利益を上げたいときにどうしても目がいくプライシングでしょう。規模が大きいので、ちょっとの価格アップであっという間に大きな利益が出ますからね。

そこにいくとサブスクリプションでは、**長期の利益安定**となりやすい代わりに、うまく実行しないと失敗してしまう危険性があります。何しろ、「〜し放題」で割安感を顧客に感じてもらい、低コストのデジタル財や飲

食業の胃袋に限度があるものを除いては、**上手な関係性マーケティング を実行しなければならない**からです。利益構造について、具体的には次の章で述べることにして、サブスクリプションは顧客にとってどのような価値を与えてくれるのでしょうか。

　これを考える際に使える道具としては、Part4 の第 20 章で述べた価値工学を利用した考え方が一番いいかもしれません。忘れていたら、また戻って見直していただくとよいのですが、再度、ポイントとなるところを書くと、次の式が重要です。

(1) 知覚便益（提供された全商品・サービスに買い手が感じる相対的な効用）
＝商品自体の物理的属性＋サービス属性＋商品の特別な仕様に関する技術的 サポート＋価格による品質イメージ・プレステージ＋その他の知覚品質

(2) 知覚ライフサイクルコスト（商品購入の検討から購入後維持を含めた消費者の感じるコスト、心理的な苦労やリスクを感じることを含みます）
＝実際の購買価格＋スタートアップコスト（入手コスト、運搬コスト、設置コスト、注文に関するコスト、訓練のコスト）
＋購買後のコスト（修繕・維持、失敗あるいは期待はずれのリスク）

　また、

知覚価値＝知覚便益/知覚ライフサイクルコスト

　でしたね。

　ダイナミック・プライシングと比較してみますと、ダイナミック・プライシングでは、分母に特徴が出ます。知覚ライフサイクルコストに『**実際の価格のアップダウンという不確実性への不安**』が加わるのです。つまり知覚コストのアップ、だから知覚価値のダウンということになりますね。顧客が、この価格変化のスケジュールを熟知し、慣れてくれば、この不安は,徐々にフェードアウトします。

　図37を見てください。<u>ダイナミック・プライシングでは、分母の知覚コ</u>〜〜〜〜〜
<u>ストが増加しています。</u>〜〜

図37　ダイナミック・プライシングとサブスクリプションの知覚価値

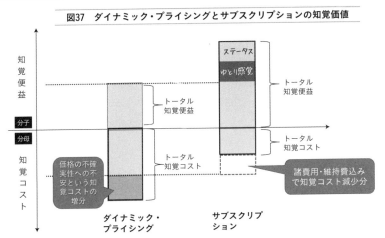

それに比べてサブスクリプションで見ますと、分子が大きくなり、分母
が小さくなることが多いようです。つまり、知覚価値が大きくなるという
ことですよね。顧客にとっての知覚価値はアップします。

　知覚便益のサービス属性に、「いくらでも and/or いつでも利用可能」と
いう顧客の感じる「**ゆとり**」とそのサブスク・サービスを利用できるという
「**ステータス**」が入ってきます。図37を見ると知覚便益部分が増加してい
るのがわかるでしょうか。

　後者の「ステータス」に関しては、表34の⑪高級フレンチ「Provision」等
がわかりやすいでしょう。仲間を3人連れて高級フレンチへ行け、頻度が
上がれば相対的に格安価格でいい格好ができるんですものね。また⑦の
トヨタのKINTOでも短期間でいい車に乗り換えられるのも同じですね。ま
あ、⑬のマイクロソフトのOffice365ではいい格好は難しいですが。

　そして次に知覚ライフサイクルコストです。「〜放題」サービスですので、
実際の購買価格が小さくなることが多いですし、諸費用込みで維持費な

ども含まれていることが多いので、スタートアップコストと購買後のコストをあまり意識する必要がありません。実際は料金に含まれていたとしても、「知覚」とは顧客が感じることですから、小さくなるのです。

　このような理由でサブスクリプションでは分子は大きくなると感じ、分母は小さくなると感じて、結果、知覚価値は大きくなりやすいのです。したがって顧客にとってはダイナミック・プライシングよりもサブスクリプションの方がいいと感じるでしょう。

38 企業はどこで利益を獲得できるのか

コスト度外視で赤字にならないために

　事例で説明する前に、次ページの図38を見てください。これがサブスクリプションで出現する**魚**といわれるものです。

　まずコストですが、サブスク・サービス体制に完全に移行するためには、業務遂行能力と実施構造をつくりあげるための投資が要ります。たとえば、システムの変更などは結構な投資になります。そのため、一時的にコストが収益を押し下げ、企業は不安な期間を過ごさねばなりません。それが図に示されている**コストと収益の逆転状態**です。しかし、サブスク・サービスが軌道に乗ってくると、営業コストはシステムで賄われることが多く、関係性マーケティングによって顧客との長期的な関係を築けることでそれは低下します。これで次第に利益が拡大し、企業にとっていい状態へとシフトしていくのです。

　全部が全部こうなるとはいえませんが、うまく遂行できた企業は安泰となります。

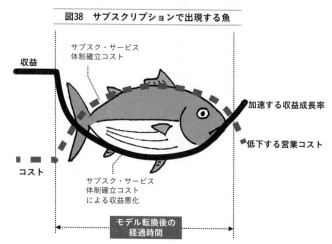

図38　サブスクリプションで出現する魚

収益

サブスク・サービス
体制確立コスト

加速する収益成長率

低下する営業コスト

コスト

サブスク・サービス
体制確立コスト
による収益悪化

モデル転換後の
経過時間

ティエン・ツォ、ゲイブ・ワイザート（桑野順一郎監訳、御立英史訳）(2019)『サブスクリプション』ダイヤモンド社、7刷、p.131を改変

　この関係性マーケティングの工夫を表34の⑪高級フレンチ「Provision」で見てみましょう[※1]。前で述べたように、この店は、2016年に六本木交差点やミッドタウンから近い路地裏に、来店し放題の月額定額制フレンチワインバーとしてオープンしました。プランとしては2つあり、基本プランのUnisonは、会員含め4名まで一部追加料金メニューを除き30,000円（税別、以下同）でほぼすべての飲食代が含まれます。上級プランのDe Luxeは、同様に会員含め4名まで50,000円で、一部の限定高級ワインを除きますが、キャビアやフォアグラ、トリュフなどの高級食材料理を含むすべてが提供されます。

　仮に50,000円のプランで1人1回8,000円飲食にかかるとすると、4名で32,000円が1回にかかります。週2回4名で来店するとしたら、月額で32,000円×2回×4週＝256,000円かかる計算になります。それが5万円なのです！

　どうしてこれで利益が出るのでしょうか。信じられませんね。顧客が来ない方が利益は出ますよね。でも来てくれないと顧客が会員をやめてし

※週刊ダイヤモンド、2019年2月2日号『サブスク革命　定額課金の衝撃』特集号、p.50を参考にした。

まうので、それも困ることになります。

　実は、現実的に好調であるこの店の利益が出る秘密はいくつかあるのです。

　まず**顧客ターゲットを富裕層に限定**していることです。想像してみてください。富裕層であれば、「毎日行かなきゃ……」などという考えを持ちませんから、「たまに行けばいいや」となりますし、ワインを何本も開けて格好悪く酔っ払うこともないでしょう。筆者みたいに元を取ろうなどと考えないのです。そして別注の1本数万円の高いワインやシャンパンを惜しげもなく追加注文し(これがクロスセル)、店の利益に貢献してくれるのです。入会の条件として、会員の紹介が必要ですので、富裕層の顧客の友人の、これまた富裕層が集まってきます。顧客獲得コストも低く抑えることができますね。そして富裕層はしばらく行かなくても、「会員をやめようかな」と思いません。つまり解約率(チャーンレート)が低いのです。これでこの仕組みが利益の出るものになっているようです。

　一般的にサブスクリプションをややアバウトですが、式で表すと以下のようにあらわせます。

(薄利+クロスセル利益+アップセル利益−顧客引き留めのためのダウンセル)
×長期間×(1+顧客増加率−解約率)

　ここで長期間というのは、「関係性マーケティングで顧客満足を高めて長期間顧客維持する」ということです。つまり**顧客生涯価値(ライフタイムバリュー)を上げる**という考え方なのです。ダウンセルについては第33章で説明した通りです。

241

39 サブスクに適した業界は何？

自社で導入するとしたらどうするといい？

裏庭から
泉が湧いた！
おいしい！
これは全国の泉で
連合してサブスク
するしか…

　世界時価総額で上位の企業を見ると、そのほとんどがサブスク銘柄です。株価ですから変動はつきものですが、2021年1月現在では、アップルが2兆3063億ドルで1位、マイクロソフトが1兆8020億ドルで2位、アマゾン・ドットコムが1兆6245億ドルで3位、フェイスブックが6,370億ドルで7位と上位を占めています[1]。まさにサブスクリプションの勝利ですね。

　共通点を見ると、やはり追加コストの低いデジタル系で利益の大きな部分を占める企業です。アマゾン・ドットコムは物販が多いのですが、アマゾンプライムで音楽、映像、書籍のサブスク配信サービスを展開しています。また表34に戻りますが、表右端の**低追加コストの業界は、元からサブスクリプションに向いている**といえるでしょう。

　代表例であるマイクロソフトは、パッケージソフトの売り切り型からサブスク・サービスに急速に置き換え始めて、規模が大きいこともあり、利

※ https://stocks.finance.yahoo.co.jp/us/ranking/

益面では大成功を収めています。

追加コスト (企業) / 放題の種類	高追加コスト*	中追加コスト	低追加コスト
選び放題＆使い (消費) 放題	①ストライブ・インターナショナル「メチャカリ」	②エアークローゼット ③Laxus(高級バッグ)	④スポティファイ ⑤ネットフリックス
限定選び放題＆使い(消費あるいは来店) 放題	⑥パナソニック「安心パリュープラン」 ⑦トヨタ自動車KINTO	⑧美容室「メゾン」	⑨ソニーの「PSプラス」
使い(消費あるいは来店) 放題	⑩favyの29ON、コーヒーマフィア ⑪高級フレンチ「Provision」	⑫カラオケ「カラ鉄ホーダイ」	⑬マイクロソフトのOffice365 ⑭交通等の定期券

非デジタル系の戦い方

しかしながら、デジタル系でなくてもやりようはあります。

それは以前から述べていますように、**モノのコト化**です。分野的には、サービス・ドミナントロジックというのですが、事業や製品(商品)をすべて「**サービス」として捉える**という考え方です。

たとえば自動車は、「モノ」としてよりも「快適に乗り、人に見られて気分がいいというサービス」として考えて、プレステージを感じさせる車に快適に乗れ、保険や維持などの面倒な部分をサービスとして提供すれば消費者はより嬉しいに違いないということです。自社の販売対象がモノであったら、いかにモノを軸としたサービスとして提供できるかを考えることです。

そして一旦、利用者を顧客とすればその顧客の好みのデータを蓄積し、より快適なサービスに繋げていくことが重要になります。サービスの規模が大きければ、そのためのデータベースや手間のかからないAIでの分析を導入し、人件費を低く抑える形でサービス提供を行う必要があります。規模が小さければ、企業の人手で実行することもあり得ると思います。

また表34の⑧美容室「メゾン」で見られるように、賛同する店舗を集めて提携を行い、どの店舗でも同様のサービスが得られるように**広域連携**することもマーケティング的に差別化するための重要な方法となります。

顧客にとって行く先々で利用できるというのは大きなメリットですから。何事も工夫次第です。

　何度か述べていますが、サブスク・サービス化をして利益を上げていくポイントをまとめると以下のようになるでしょう。

・サービス・ドミナントロジックを用いて、モノであってもサービス化を図ること
・関係性マーケティングをしっかり実施して解約率を低下させること

　　　そのためにもデータベースを十分に活用すること。規模が大きくなれば、AIを導入することです。解約率を低下させるため、定額料金を下げるダウンセルもタイミングを見て、顧客をつなぎ止めるために活用することが必要です。

・顧客との関係性を強化し、絆が強くなれば、アップセルで上級移行してもらうこと
・同様に関連購買であるクロスセルも行うこと
・サブスク・サービス体制に入ってしばらくの間は、利益が出にくく、移行コストがかかるが、この期間を耐えきること
・サブスク・サービスによってはターゲットを正確に決めて実施すること

　　　これは高級フレンチのProvisionのような高級サブスク・サービスには特に重要です。

　そして最後に最も重要なのは次のことでしょう。

・適正な定額の金額を把握して値付けを行うこと

　　たとえば表34のパナソニック「安心バリュープラン」は値付けが結構高いと感じられます。7,500円/月⇒だとすれば9万円/年で3年契約（27万円）となり、3年ごとに新製品が届くのですが、もし10年続けるとしたら90万円ぐらいになりますよね。これは「高い」と感じる消費者は多いのではない

でしょうか。もっと低く設定して、クロスセルとアップセルで利益の向上をはかることが望まれます。この定額の決め方はこれまでの章にいろいろ書いてありますね。

以上ですが日経MJに面白い記事が出ていました※。従来のリースにもある仕組みで新しいとはいえない方法なのですが、「**サブスクリプション＋期間終了後の割引き価格での顧客の買い取り権**」の提供です。これはピーステックラボという企業が始めたもので、「家にいながら借りて買う」というサービスです。スマホアプリの「アリススタイル」で実施されており、ヘアドライヤーや美容家電、キッチン用品等約400品目を載せていますが、まずは30品目でこのサービスをテスト的に実施しています。

https://www.alice.style/

従来のリース後に買い取るというサービスとの違いは、利用者はスマホで申込み、自宅に届けてもらい、1週間単位で借りることができ、その後、利用者が気に入った場合には中古品として割安で買い取ることができるという点にあります。つまり、利用者の試し買いニーズをメインとした、従来あまり見られなかったサービス提供ということになります。リースの場合は、顧客の比較的長期のレンタルが主目的ですから、後の買い取りは企業にとって重要視されていません。だから異なるサービスですね。

したがって、このサービスがあれば、利用者は**購入に迷った場合、まず試してみることができる**ため、企業は利用者にとっての入手のハードルを下げることができるのです。商品との相性が利用者にとって大事な場合には有効なサブスク・サービスとなりますよね。こういうサービスは不動産やゴルフ用品にも広がりつつあるそうです。

※日経MJ、2020年9月4日号

Part**8**

中間流通価格の形成

メーカーにとっての、もう1つの極めて重要な
利益の源泉

これまでは小売店頭の価格についてお話ししてきましたが、実はもう1つ、非常に重要な価格があります。むしろ最近では、メーカーの方の関心はこの中間流通価格の方が高いような感じすら受けます。というのは利益に対するインパクトが非常に大きいからです。講演などをしていても、この中間流通価格のお話をすると「実際にやってみたけど、見てほしい」といわれることが時々あります。取引先の多いメーカーの方は必読の章だろうと思います。

また最近はデジタル時代と呼ばれ、2021年9月にはデジタル庁も創設されることですから、ネット販売の価格への影響も考える必要があります。これは第43章で説明します。

248

40 流通価格体系を見直し、利益を手に入れるには

問題の所在をつきとめる

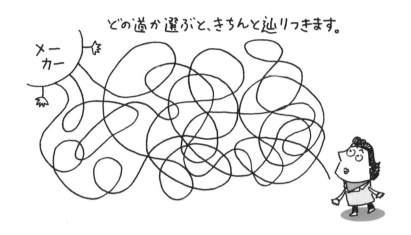

　中間流通価格は、流通プライシングといわれることもありますが、簡単にいうと、「リベートなどを含む流通価格体系にメスを入れ、戦略的に価格設定すること」を意味しています。実施は大変かもしれませんが、この適切なプライシングは、販売量を増やす以上に、ずっと利益に貢献します。つまり最もインパクトのある利益改善方法だといえるのです。

　感覚的に理解するために次ページの図40-1を見てください。

　いささか古い文献ですが、理論や心理は時間が経っても実は不変なのです。この図は、平均的な企業が利益の改善を図ろうとしたとき、どの部分を改善すれば、どのくらい効果があるかを示したものです。ただ価格を少し上げてもそのまま売上数量は変わらないという前提を置いてですが。

　結論からいうと、「1%の改善」という基準を設けると、価格の改善が最も効果があります。

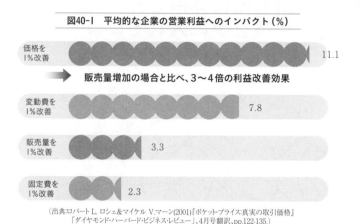

図40-1　平均的な企業の営業利益へのインパクト（％）

価格を
1％改善　　11.1

➡ 販売量増加の場合と比べ、3〜4倍の利益改善効果

変動費を
1％改善　　7.8

販売量を
1％改善　　3.3

固定費を
1％改善　　2.3

（出典：ロバート L. ロシェ&マイケル V.マーン(2001)『ポケット・プライス:真実の取引価格』
「ダイヤモンド・ハーバード・ビジネス・レビュー」、4月号翻訳、pp.122-135.）

　つまり1％の価格改善は11％の営業利益改善につながります。それに比べて変動費、販売量、固定費を改善しても、これほどには利益改善はできません。というのは、変動費も固定費も一部ですし、販売量を増やしても変動費がまた増えるということになるからです。

　ならば、さっさと価格改善できるならばいいのですが、話はそう簡単ではありませんね。

　それにしても「価格1％の改善」といいますが、1％の値下げの方がはるかによく起こりますよね。だとすると、一体どういうことになるのでしょうか。恐ろしいことですが、「1％の値下げで営業利益が11％もふっ飛ぶ」ということになるのです。

　マッキンゼー・アンド・カンパニーの調査によりますと、国外での話ですが、ある耐久消費財メーカーが全商品の価格を2.5％上げたら営業利益は30％近く改善したとか、ある産業機器メーカーが、薄氷を踏む思いで価格を3％上げたら営業利益35％近く改善したとかいう話があります。その他消費財・エネルギー・銀行・その他金融サービスでも同様の結果だということです。企業の方々にこのお話をしましたら、確かにそのくらいになるだろうという実感があるという反応を得ました。財務構造がわかれば割

と簡単に計算できるのですね。

　ではどういう価格改善が一番効果的なのでしょうか。

　これが実は複雑な暗黒大陸ともいえる流通価格の改善となるのです。どちらかといえばメーカー視点のお話になりますが、具体的な改善方法のところで逆の見方、整理の方法を使えば、同様に流通企業にも利用は可能です。メーカー、流通企業間の緊張は今まで以上に強くなるかもしれませんが、どんぶり勘定でいくよりは近代的といえるでしょうね。さて本題へ入っていくことにしましょう。

流通取引制度の仕組みの変化：建値制度の誕生

　中間流通価格というとメーカーから卸への納入価格、あるいは量販店への納入価格が一般的です。日本では、卸への価格については、卸売業の再編・寡占化を経て卸間でそれほどの差がないといわれています。一番大きな問題とされているのは、**メーカー対量販店**のようです。メーカーから見た取引の流れは図40-2のようになります。①〜④まであるルートのうち、問題が大きいのは、先ほど述べた②の対量販店のルートです。

図40-2　メーカーから見た取引の流れ

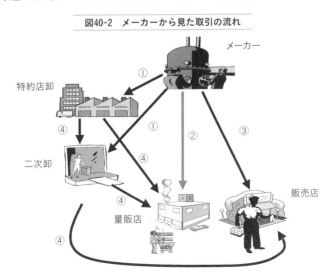

メーカー

特約店卸

二次卸

量販店

販売店

① ① ② ③ ④ ④ ④ ④

では、どんな問題がどのような経緯で生じたのでしょうか。

　歴史的なお話になりますが、まず第2次世界大戦後まで遡らねばなりません※。この時期、マスメディアが発達してきて、情報が広く行き渡るようになりました。特に筆者の生まれた1953年(昭和28年)に白黒テレビも初めて発売されました。このころから大量生産・大量消費の時代がやってきまして、ブランドというものが本格的に確立しました。そして規模の大きさ、情報力、ブランド力でメーカーにパワーが蓄積されていったのです。こうなると特約店卸の権利が権益化し、二次卸、小売店への流通チャネル体制がしっかりしたものとなっていったのです。

　そして価格に関してもメーカーが主導することになり、**メーカー希望小売価格**なるものが小売店頭での価格となりました。そうなるとメーカー、卸、小売と利益の配分をメーカー主導で決めることになり、「**建値制度**」というものが確立したのです。このシステムに乗っかっていれば、3者は安泰で誰もがしっかり利益を確保できたという時代でした。消費者は決められた固定価格か小売店で少し値引きしてもらった価格で買う場合が多かったのですね。

　ところがこの制度には大きな欠点がありました。

　建値制度では、売り手がいくら大量に仕入れて売っても、つまりメーカーにいくら大きく貢献しても、配分利益以上はもらえないという仕組みになっていました。つまり売り手にとっては、あまりに杓子定規的な感じで、よそよりがんばっているのだからもっと配分率を大きくしてほしいという気持ちが強かったのです。

　メーカーもメーカー同士の競争がありますから、取引量に応じて利益配分率アップを反映しない建値制度を補う**リベート制度**なるものが登場してきたのです。

※根本重之「流通変化と取引価格制度」(上田隆穂編著(1995)『価格決定のマーケティング』有斐閣、第7章に収録)

252

流通価格の決定プロセスはなぜ暗黒大陸化したか？

　第2次世界大戦後、小売店のチェーンオペレーションがアメリカを手本として少しずつ導入され、それが徐々に成長し、ダイエー、イトーヨーカドー、ジャスコ(現イオン)などが巨大な量販店化を遂げました(今やダイエーはイオン傘下に入っていますが)。こうなると**中央仕入れ**(Central Buying)などで大量仕入れとなってバイイング・パワーができ、またPOSシステムの導入により、商品の売れ行きが即時につかめるようになり、情報力もメーカーから量販店の手に移るようになりました。

　こうして力をつけた量販店は、メーカーとの取引条件をその力によってどんどん有利な方向へもっていくこととなりました。**値引き、協賛金、リベート、インセンティブ、無料運送サービスなど小売側への多様な利益還元の仕組み**が量販店ごとにでき、大手小売業者のバイイング・パワー行使の格好の場となっていったわけです。

　量販店側からのあらゆるリベートの獲得要求に対して、メーカー側は個々の取引先の取引コストを詳細には把握しておらず、個々の取引先の感度に応じたリベートで個々のメーカーが販売促進を進めていった結果、**過度に複雑化・不明瞭化したリベート制度**になってしまっているのです。

　つまり合理的である以上に値引き・協賛金の支出などもおこり、コストがやたらかさむようになった大手小売業のコスト補填に終わり、小売価格に反映されない状況も出現したようです。またコンビニエンスストアを代表とする、いろいろな業態の小売チャネルも増え、かつ昔からの小さなパパママストアも残っており、新旧両チャネルの併存という状態が生じて、多様・複雑・不透明な割引が残存する流通価格決定プロセスになってしまったのです。

　現在では、**オムニチャネル**と呼ばれる、主に大手小売業が中心となり、デパート、量販店、コンビニ、webサイトも統合し、どこからでも消費者

が買えるようにし、消費者が多くの経験を、その購買プロセスで立ち寄る店で得て、どこかで購買に至る(カスタマー・ジャーニー)仕組みが盛んになってきていますので、さらに流通の複雑性が増したともいえますね。オムニチャネルのことは、また後に触れることにしましょう。

◆何が問題となるのか?

この複雑化した流通価格プロセスは、何が問題となるのでしょうか。

問題は、寡占化しつつある量販店同士の競争が激しいため、どうしても価格競争に陥りやすくなっており、目玉商品を頻繁に活用する特売体質が育ち、景気の循環に応じて激しくなってきていることなのです。

その特売の原資が各種リベートです。特売をされるとブランド力低下、リベートの拡大でメーカーは利益が次第に薄くなり、適正水準の利益も出なくなっていきます。こうなると次第にメーカーとしての競争力が蝕まれていくことになります。コロナ時代は、製薬、サニタリー用品メーカーなど特需があったところを除き、残念ながらもっと苦しんでいるようです。

さてこのような問題点を抱えたメーカーですが、利益的に十分な中間流通対策を行っているのでしょうか。答えは否です。ほんの一握りのメーカーが部分的に実践しているだけといっていいでしょう。

メーカーが量販店に対して行っている対応のまずさをいくつかあげておきましょう。これは文献やヒアリングから集めた内容です。

(1) 相手に対して割引の担当者が異なる

メーカーも規模が大きくなると取引相手企業単位の年間割引担当者とブランド単位の担当者が異なる場合(1社で多数ブランドを持っている場合ですね)に互いに意思の疎通がなく、互いに割引額を知らない場合があるのです。

(2) 相手企業によって個々に値引き制度を変えている

強いライバル企業がいると仕方がないことかもしれませんが、値引き制

度の複雑化を招き、複数の担当者間での連絡不足が生じてしまい、担当者の交代で事態がわからなくなる。特にメーカーと卸の間のリベート問題の場合、卸の合併が進んだときに問題が表面化したようです。つまり卸によってリベートが異なることが多いため、「自分のところにはそんなリベートはなかったぞ」となるわけです。

(3) 担当者が交代すると旧来の割引の習慣が続くことがある

これを知らずに、新たな割引の制度ができ、割引が積み重なるとリベートがどんどん増えていくことがあります。

(4) 売上数量が営業の業績評価基準であるため、営業担当者が上限まで値引く

事実上の値引きとなります。

これは業績評価基準が不十分な例ですね。まだまだこういった評価基準をとる企業が多いようです。

(5) 値引き相手企業も多くの商品を扱うため、商品アイテムごとの値引きを理解してない場合がある

量販店になると、10万からの商品アイテムを扱っていることが多いので、店舗のバイヤー（仕入れ担当者）にしても自分で担当する範囲が広いため、仕入れ伝票の価格とこの中に含まれていない主要なリベートしか見ていなくて、細かいところまで見る余裕はなかなかないようです。こうなるとメーカーも量販店もいくらで売っているか、買っているかが実はわかっていないという究極の姿さえありうるのです。

いろいろな問題点をあげてきました。ではどういう対応をメーカーとしてはとるべきなのでしょうか。章を改めてお話ししていきましょう。

41 各種リベートの内容とその問題点

ここでは具体的にどのようなリベートやメーカーによる対量販チェーン協力があるかを整理しておきましょう。その方がこれらの改善機会を発見するのに有用でしょうから。

各種リベートの概要

前にも少し触れましたが、リベートの種類にもいろいろあるようです。以前行った乳業業界での調査結果を利用して説明しましょう。ただし、他にもまだリベートはあると思われます。

(1) センターフィー

もともとメーカーは、店舗までの配送義務を担っていました。しかしながら自社の配送効率化のため量販チェーンは、自ら配送センターをつくり、工場を出荷した製品は、この量販チェーンの配送センターに納入

されることが多くなりました。量販チェーンは、メーカーによる店舗まで
の配送義務を肩代わりするという理由で、センター利用料をメーカーか
ら徴収しています。問題は、実際のコストがメーカーに要求されることで
はなく、それに上乗せして、**実質的に量販チェーンの利益補填に使われ**
ていることなのです。したがって、センターフィーは一種のリベートだと
いえるでしょう。

　このセンターフィーは、業界によって異なるでしょうが、さらに細かく
センターフィー、基本リベート、センターリベートに分かれることがあり
ます。これらの種類・パーセンテージ(あるいは単位あたりの金額)については、量
販チェーンが決めることが多く、メーカーに対しては一律に決まった割
合ですが、量販チェーンにより率はまちまちであるようです。しかしなが
ら、このリベートは、比較的透明性が高いリベートといえるでしょう。

(2) ボリュームディスカウント

　このリベートが利益調整手段とされる不透明な部分であり、メーカー
にとって影響が大きいようです。以下の物量契約リベートと年間契約リ
ベートの2つが代表的です。

①物量契約リベート

　　年間ではなく、もっと短期で契約量の100%を超えて売れた場合に段
　　階的に単位あたりいくら(円)で支払われる。超えた量が多いほど単
　　価が高くなる。

②年間契約リベート

　　年間で契約する。前年売上比100%を超えた場合、段階的にパーセン
　　トを上げて一定割合をバックする。量が多いほどパーセンテージが高
　　くなる。

(3) 決算協力金

年2回程度で量販チェーン、卸の両者が要求するリベートです。量販チェーンの場合、半期ごとの決算の前にどうしても売上がほしい場合にフェアの企画をメーカーに対して要請してきます。メーカーは、量販チェーンで行ったフェアによる売上の何%かを量販チェーンに返すことになります。卸の場合は、春の商談会がだいたい2月に開催されますが、その後の3、4月の売上の何%かを販促協力としてメーカーに要請します。不透明ではありますが、それほど大きな影響はないようです。

(4) 完納奨励金リベート

基本が末締めの末払いとすると、15日までに早めの入金をするならば何%かのリベートを返すリベートです。これはメーカーによる流通サイドへの支払いコントロール手段であり、メーカーに主体性があるので問題はそれほどないでしょう。

(5) 特別配送

メーカーは、量販チェーン・CVS チェーンから急な注文があったときは、計画生産および在庫を通常は大して持たないため、注文に応じきれないことがあります。このとき、応じきれなかった分を生産でき次第、別車対応をすることになりますが、この物流コストはばかにならない金額だということです。極端な場合、注文時応じきれない分を売価保証として量販チェーン・CVS チェーンから請求される場合もあるそうです。この配送費は通常、管理部門のコストとして計上することが多いのですが、影響は非常に大きいようです。純粋なリベートではないものの、個々の量販チェーンへの一種の形を変えたリベートと考えた方がよいでしょう。

(6) チラシ協賛

　生協が特に多いといわれています。一回一回は1品5,000円〜10,000円ですが累積するためかなりの影響があります。たとえば1回に5品目だと5,000円×5で2万5,000円、これが月4回であれば10万円、年間で120万円、これが10ヶ所あれば1,200万円となるわけですから、累積ではかなりの額となりますね。

(7) イベント協賛

　量販店主催のイベント、料理教室などが開かれた場合に商品協賛と広告の何％かを負担することがあります。その広告に商品が掲載されるのですが、1口5万円など金額は掲載の大きさに依存します。メーカーは、諾否を選択できる立場にはなく、量販チェーンが指定してくることが多く、大抵断れません。ただし年間で見ると回数が少ないため、それほど大きな影響はないようです。

(8) 売り場買い取り

　大手メーカーに多く見られますが、主に新商品発売から数ヶ月間、量販チェーンの売り場を借りることがあります。フェイシングツールという売場で目立つ専用の枠みたいなものを持っていき、設置して、商品を販売します。その代償として月々に定額のフェイス料を量販チェーンに支払う仕組みです。これは一種のリベートであり、別名、棚代とも呼ばれています。森永のカフェラテ等の例がありますが、しかしながら、これは、メーカーが主体的に実施する販促の一環と考えられ、それほど問題はありません。

リベートの問題点

　以上、リベートといい換えてもよいものを含め、これらのリベート負担がメーカー側に発生しています。これらはどういう問題点を持つのでしょうか。

(1) 比較的透明性の高いリベートや不透明なリベートが多種多様に混在している点

　要求する量販チェーンにより独自性があり、まちまちです。加えて負担する側のメーカーによっても「売り場買い取り」等独自性の高いものも含まれています。これらが複雑であるため、メーカーの量販チェーン・卸への納価である正味価格の計算が困難であり、正味価格はいくらでメーカーが販売しているのかの正確な把握が難しくなります。この実態を反映した価格管理の帳簿システムができれば素晴らしいでしょうね。

(2) センターフィー

　メーカー側が自前でデリバリーした方が低コストでも量販チェーン側が認めることはありません。流通側にとっても個々にバラバラと納品されても対応に時間がかかりますから、仕方がないところです。問題は、先ほども述べましたが、正当な物流費分に加えて、利益確保の手段として利用されている点です。サプライサイドにとっては正当性が低いものとなっているようです。

(3) 量販チェーンのバイヤー問題

　特にリージョナル・チェーン(地域スーパーチェーン)規模の店の場合では、バイヤーの仕事のスタイルとチェーン全体の方針との一貫性がない場合が多く、バイヤーが独自に業績を上げるため、利益確保のため独自リベー

トを要求することがあります。要求をメーカーが飲まない場合には取引メーカーを変えることも多く、メーカーはある程度バイヤーのリベート要求に応じざるをえなくなるところに問題があります。

大手メーカーと大手チェーン同士ではあまり見られないようですが、リージョナル・チェーンは、その地域に集中出店することが多いため、そこと取引の多い準大手・中規模のメーカーの立場は、取引規模が対大手量販店よりも大きくなるため、立場が弱くなりがちです。日本は準大手・中規模のメーカーが多く、メーカー側に対抗手段がないため大きな問題となるのです。

ただし、メーカー側も新製品を扱ってもらうため、新規の店舗開拓、工場の稼働率確保のため、進んでリベートを払うこともあるわけで、問題は一層複雑化することになります。

以上がリベート各種の説明ですが、きっともっと多くのリベートがあるだろうと思います。インターネットでサイトを開き、匿名で多くのメーカー担当者に書き込んでもらうともっといろいろなリベートのお話が聞けそうですね。また量販店からの反論などもほしいところです。

42 中間流通価格への今後の対応

方向性と具体的な資料作成

正確な情報つかんでないと、結局ワケわかないからな……

まぁまぁ これでまるく収めてどうにかなりますから.

どんどんツラくなる日々……

　リベートの概要も問題点もお話ししました。最後に肝心なことですが、どう対応したらよいかという点ですね。いくつか対応すべき方向性を出してみましょう。

対応の方向性

（1）メーカー側の規模の違いに基づく調査の必要性

　業界に応じて事情が異なっていますが、規模別にリベート問題の影響度が違ってくると思われます。したがって公的機関・メディア・研究者等中立機関によるメーカー規模別の聞き取り調査・分析が必要です。そしてこれらの情報をいつでも、誰でも見られるようにしておくことです。非常に規模の大きなメーカーの場合には、リベートはそれほど問題になることは少ないでしょう。ただリベートに何があるか、メーカーの担当者別に聞き取りを行い、問題点の整理・対応策の検討は重要です。センシティブ

な問題ですが、実施する必要はあります。

(2) 特に準大手・中規模のメーカーに関して、取り扱い規模によって量販チェーン側にパワーが偏在することがあるため、メーカーにおいて対策が必要

たとえば、メーカー同士、規模の拡大をするために提携するなど疑似的にせよ規模を拡大して量販店との交渉を行うということも考えられます。またもちろん、ブランド力のアップや独自のヒット商品が有利に取り扱ってもらうためには重要です。そして自分が属する業界の製品カテゴリーの需要を業界一体となって拡大していくことも必要です。そうすれば、需要と供給の問題で立場が強くなります。

(3) 利益改善機会の発見

これは、取引相手ごとに取引状態の実態を正確に確認・把握することになります。取引レベルでどういったプライシングがなされているのかを明らかにします。

まず注文ごと、取引先ごとに、最終的な手取り金額を把握することです。たとえば、年間や月単位で全取引数はいくつあるのか、製造ライン別にも取引数はいくつか、どのような部門別取引管理をしているか、「優良・通常・問題あり」などの取引単位管理を実施しているのか、取引単位に加えて取引相手単位でも、優良・通常・問題で期間あたり取引評価構成をチェックしているかなどです。

(4) 具体的な資料づくりとそれに基づく交渉

最後に、そして最も緊急にやらなければならないのが、次の**正味価格分布表**など、リベート適正化のための基礎資料づくりなのです。これをつくることによって、上記の(3)を実行できるようになります。

作成すべき正味価格関連図を以下にあげて説明しましょう。

①正味価格形成図：取引先企業ごと

②正味価格分布図：取引先全体

③取引規模別正味価格プロット図：取引先全体

具体的な資料作成

①正味価格形成図：取引先企業ごと

　図42-1を見てください。この図の数値は業界ごとに、企業ごとに異なるため、架空の数値を入れてありますが、かなり実態に近い業界が多いのではないでしょうか。

　こういう**手元に残る実際の利益を計算する枠組み**を企業に導入することが必要です。右に行くほど、だんだんリベートが差し引かれていき、実際の手取金額がわかります。この中のいくつかのリベートは他の費用項目に割り当てられていることが多いかもしれませんが、配賦などの仕組みをつくることにより、この図を書くことはできます。今までの判断基準の伝票価格から各種リベートを差し引いた本当の利益を計算することは重要です。ぜひ描いてみてください。

図42-1　正味価格形成図事例：取引企業ごとに作成

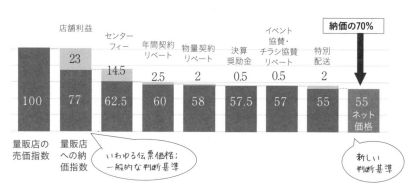

（出典：ロバート L. ロシェ＆マイケル V. マーン(2001)を元に作成）　　　※但し指数の数値は架空

②正味価格分布図：取引先全体

　次に図42-2を見てください。これは前記のようにして算出した最終的にポケットに残るお金、つまり正味価格が取引先全体レベルでどのように分布しているかを描いたものです。水平軸に書かれている価格は1ℓ牛乳パックをイメージしていますが、別に何でも構いません。縦の棒グラフの高さは、その正味価格で納品している取引金額割合です。全部足せば100%になるようにします。

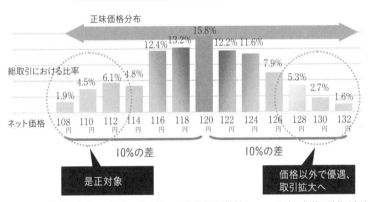

図42-2　正味価格分布図事例：取引先全体で作成

（出典:ロバート L. ロシェ&マイケル V.マーン(2001)を元に作成）　　　※但し指数の数値は架空

　この図は実に役に立ちます。というのは、左側の点線で丸く囲んだ価格では、かなり低い価格で納品してしまっていることになります。この取引先は、是正対象に入れた方がいいということです。取引量が極めて大きければある程度仕方がないのですが、実際は、取引規模よりも取引年数が長くて、いつの間にかそうなったという現象が多く見られるようです。いわば、持ちつ持たれつ、なれ合いで、なし崩し的にそうなった場合ですね。

　このような場合、正味価格形成図を根拠にして、ねばり強く説得して納品価格を上げるか、取引対象から外してしまうことも考慮しなければなりません。外した分を新たに獲得する必要はありますが。

そして右側の点線で丸く囲んだ方も注目する必要があります。この高い価格で買ってくれている企業にはどう対応すればいいのでしょうか。感謝して納品価格を下げてあげるのでしょうか。

　いいえ違います。それではお人好しすぎます。こういう企業はきっと納品価格以外の点をメリットに感じてくれているのでしょうから、**何をメリットと感じてくれているのかを注意深く探る**ことです。そして価格以外の方策でこれらの望まれる点をより大きく提供して、取引量を増大させていく方がずっといいわけです。

③取引規模別正味価格プロット図：取引先全体

　今度は、図42-3を見てください。これは取引規模と正味価格で図を描き、取引先の位置づけをしてみた図です。ここに描かれている（プロットするといいます）点は、取引規模が大きくなって初めて正味価格を下げる形になっています。これであれば、正しい取引といえますね。

　ところが現実はどうなっているでしょうか。この図のように綺麗には並んでいないのが実態でしょう。

　次に図42-4を見てください。実際の取引先プロット図の点は、先ほどのように整然と並んでいることはなく、バラバラであることが多いようです。それを想定してプロットしておきました。このような場合、整然と並んだ点の下側に点線で囲まれた企業群がありますが、これらは実際の取引規模に比べて、正味価格が低すぎなのです。反対に上の点線で囲んだ企業群は、**高い正味価格を支払ってくれている、自社にとって優良な企業群**です。ですから、問題のある企業群は、正味価格形成図を元に納品価格の是正を図り、優良企業群は価格以外で大事にしていくという努力をしなければなりません。

　地道にこれらの努力を積み重ねることにより、利益改善は大幅に達成

できるだろうと考えられます。大変かもしれませんが、大きな利益の源泉
ですので是非トライしていただきたいと思います。

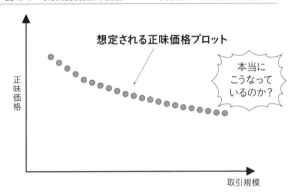

図42-3　取引規模別正味価格プロット図事例：取引先全体で作成

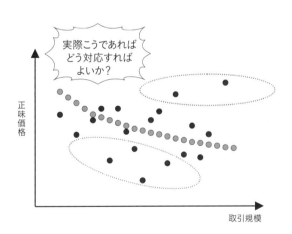

図42-4　取引規模別正味価格プロット図事例その2

43 デジタル社会化の プライシングへのインパクト

Part6やPart7でデジタル化がダイナミック・プライシングやサブスクリプションととても大きな関係があるというお話はしてきました。ここではここ10〜15年で画期的に進み、ますますそのスピードが加速するデジタル社会化によるプライシングへの影響を改めて考えてみましょう。

◆デジタル社会化で起きている現象

まずデジタル社会化の基本的な本質とは何かについて見てみましょう[※]。

①情報伝達・探索コストが非常に低下し、情報が洪水のようにあふれ出てきて、企業からのみならず消費者自身からもネット口コミ情報が出ているということ
②オムニチャネルに代表されるように、流通チャネルが増えている。つま

※参考文献は以下の通り。西川英彦・澁谷覚編著（2019）『1 からのデジタル・マーケティング』、碩学舎、張秉煥(2001)『デジタル経済における競争および価格メカニズムの変容』、島根県立大学総合政策会　総合政策論叢、第 1 号、pp.83-100.

り新しい販売ルートが企業によって追加され、それらを企業自体も組み合わせて使い、その中でもネット販売の力が強くなってきていること

③B2C（企業対個人客）のみならずC2Cのように、消費者自体も売り手（オークションサイト等）となることが増えていること

④エアビーアンドビーのような宿提供者と利用者を情報でつなぐプラットフォーム企業が登場してきたこと

⑤ネットを通じて、メーカーが消費者に直接的に個別アプローチでき、消費者もまたメーカーへダイレクトに意見をいいやすくなったこと、ネットコミュニティが増え多様な意見が増加してきたこと、その結果顧客データベースが充実して、需給のマッチングが容易になってきたこと

ではこれらの現象は、相互にどう結びついてプライシングにどういう影響を与えているのでしょうか。

図43-1を見てください。少し込み入って見にくいかもしれませんが、解説していきましょう。ただプライシングに関わる部分のみだとご理解ください。

図43-1　デジタル社会化のプライシングへのインパクト

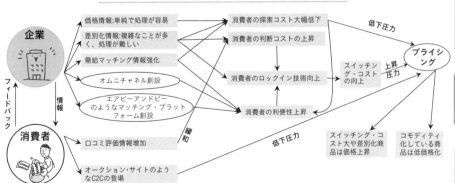

◆デジタル社会における企業と消費者との関係

　企業と消費者との関係は、見た通り**情報伝達**と**フィードバック**の関係です。企業からは、価格情報、商品・サービスの差別化情報、需給マッチング情報が主として消費者に向けて出されます。

　価格情報は、単純で理解しやすく消費者は他の商品・サービスとの比較に用います。商品・サービスの差別化情報は消費者の探索コストを下げもしますが、複雑な情報も含んでおり、判断する手間や能力・サポートを必要とし、判断コストを引き上げるでしょう。その代わり、その商品・サービスの差別化が気に入れば、消費者をファンにすることが多いため、消費者の囲い込み、つまりロックインをすることになります。需給マッチング情報は、消費者の商品・サービスの探索コストを下げますし、消費者の利便性を上昇させます。アマゾンの販売方式を見るとよくわかりますね。

　また企業は前述のように商品・サービスの販売ルート、つまりマーケティング・チャネルを増やし、消費者の利便性を向上させます。2020年9月にはアメリカでウォルマートが会員制の即日宅配に本格参入して、アマゾンを追撃し始めました※。加えて、企業は、マッチング情報のみならず、エアビーアンドビーのようなマッチング・プラットフォームを生み出し、さらに消費者の利便性を向上させています。配車サービスのウーバーも同様ですね。ここまでくるとデジタル社会も見事なものです。

　消費者の方でも利用した商品・サービスの口コミ情報を発信し、消費者同士の判断コストの上昇を緩和させています。皆さんも旅行に行くとき、旅館やホテルの評価を見て、悪いところは避け、評判のいいところを選ぶことはありませんか。

　そして消費者自身でも使わなくなってまだ価値のあるものは、売るようになっています。それがメルカリなどのフリマサイトであり、価格は企

業が販売するものよりも安いことが多いので、プライシングにおいては**価格低下圧力**になっています。

◆価格への圧力

　消費者の探索コストが大幅に低下すると、企業は自社商品・サービスが激しい競争にさらされますので、**商品・サービスに差別化の少ないもの中心にコモディティ化が進み、価格は低下圧力が強くなります**。価格.comで価格比較が簡単になされるのを見るとわかりやすいですね。

　また探索コストの低下は消費者の利便性を上昇させます。差別化情報と消費者の利便性向上で消費者はブランドロイヤル化していき、判断コストの上昇で他商品・サービスに消費者は流れにくくなり、その商品・サービスにロックインされやすくなります。このことにより、消費者は慣れ親しんだブランドを乗り換えるというコストが大きくなりますので、価格の上昇圧力が高まります。つまり少々値段が高くなってもファンなので離れないということですね。

　結果的にプライシングにおいては**コモディティ化した商品・サービスは低価格化していき**、ブランド乗り換えコストである**スイッチング・コストが高い、あるいは差別化された商品・サービスは価格が上昇しやすくなる**ということになります。

　端的にいえば、マーケティング技術の上手・下手がデジタル社会では以前の社会よりも、より強烈に価格にはね返ってくることになるでしょうね。他人事のようですが、企業も大変です。

　ついでながら、Part4で述べたテリスの価格戦略はデジタル社会においてどう変化していくのでしょうか。

　ここで再び検討してみたいと思います。次ページの図43-2を見てください。

探索コストの役割は大きいため、この図の①、④、⑦のランダム・ディスカウンティング、価格シグナリング、イメージ・プライシングは難しくなっていくでしょう。つまり、ランダム・ディスカウンティングは、価格の高い・低いチャネル、場所で価格をランダムに操作して、利益をある程度上げていく方法ですが、ネットで価格がオープンになるとデジタル情報を見ない人だけに通用するプライシング方法となってしまいます。価格シグナリングも「高いからいい商品・サービス」というのは豊富な情報検索で通じなくなりますので、これも弱まっていきます。イメージ・プライシングも同様です。

　これらに比べて他の価格戦略は、豊富な顧客データベース、デジタル表示による価格変更の瞬時性、低コスト化で**ますます細かな価格変更が可能になり、消費者の価格弾力性**（価格への反応度）**に応じたプライシングがなされる**ため、ますます利用されるでしょう。ダイナミック・プライシングなどは最たる例ですね。このダイナミック・プライシングへの反作用として顧客に喜ばれるサブスクリプションも対抗勢力として勢いを得ることになると思います。

図43-2　デジタル社会化でテリスによる価格戦略の分類はどう変わる

探索コストは大幅に低下
したので難しくなった

時間で価格を変える
（徐々に下げるだけでなく、上下させる）

	企業の目的		
	消費者セグメント間での差別価格	競争的地位の獲得	製品ライン間での価格バランス
高い探索コストを持つセグメントがある場合	① ランダム・ディスカウンティング	④ 価格シグナリング	⑦ イメージ・プライシング
低い留保価格を持つセグメントがある場合	② 経時的ディスカウンティング	⑤ 浸透価格、経験曲線プライシング	⑧ 価格バンドリング、プレミアム・プライシング
誰もが特別な取引コストを持つ場合	③ 第二市場ディスカウンティング	⑥ 地理的プライシング	⑨ 補完的プライシング（二面プライシング・虜プライシング）

場所で価格を変える

消費者属性により、常時、価格を変えていく。
セグメントは増やす

（出典：テリス(1986)、p.148を修正）

272

　最後に一言ですが、デジタル社会はリアルな通貨から次第に電子決済へと進むため、**実際の財布にいくら入っているかに影響を受けにくくなっています**。皆さんいかがでしょうか、買い物に行くとき、クレジットカードやSuica、モバイル決済などの電子決済をするとき、財布の中身を見ることもなく、支出の痛みが減りませんか。

　これまでは実際の財布が支出抑制になっていたのですが、いまは締める財布のひももなく、**お金を使う罪悪感が薄くなるため支出が拡大する**傾向があります。これは企業にとってはデジタル社会での嬉しい傾向でしょうね。

Part9

具体的な価格の決め方

44 具体的な価格決定方法❶ コンジョイント分析

コンセプトを消費者に問う

これまでは価格の理論、消費者心理、そして戦略論についてお話ししてきましたが、もう1つ、非常に重要なプライシングの技術があります。それは具体的にどうやって価格を決めるのかということなので、重要なのはわかりますよね。

実をいうと実際の価格決定の方法はそれほど多くはありません。たとえば、実際のPOSデータやID-POSデータなどを使ったシミュレーション系、これは回帰分析からAIの1つであるニューラルネットワークまで幅広い統計モデルを利用します。そして、アンケートを用いたコンジョイント分析系、PSMと呼ばれるテクニック系、そしてエイヤーと気合で決めるのを少し洗練させた方法などです。

このパートでは、コンジョイント分析、PSM、気合系(といっても合理性はありますよ)の3つについてお話ししていきます。

コンジョイント分析

　コンジョイント分析は、アンケートで価格を探る分析方法です。1990年代くらいから徐々に日本企業でも用いられ、今ではかなり幅広く実践されています。といっても調査会社にお願いしてやってもらうことが多いようですが、筆者の大学を含め、マーケティング・リサーチの授業では学生に実習形式で教えていることも多々あります。以下、説明を続けます。

　ある商品を消費者の目の前において「これがいくらくらいだったら買いますか？」とか、いくつかの価格を提示して「この価格だったらどの程度買いたくなりますか？」とか、消費者に直接尋ねるのを**直接質問法**といいます。

　この聞き方だと「このくらいの価格をつけておけば、このくらい売れるのだな」と簡単にいくらにすればいいかがわかり、単純な方法なので1990年代以前には流行った方法でした。ところが、この方法にはとても大きな問題があるのです。それは、価格の質問をすると、聞かれた消費者は、変に価格に敏感になり、実際よりも安くならないと買わないと答えることもあります。また全く逆の現象が起きることもあります。それは他人の目を意識して本音を答えず、建前を話してしまうことです。質問をするインタビュアーが素敵な若い男性だったとしたら、質問された女性は少しいい格好をしたいなどという気持ちが生じてしまうかもしれませんね。そうすると、自分がバーゲンハンター（チェリーピッカーともいいます）で「1円でも安く買う」なんて答えられない気持ちはよくわかります。

　そうすると、どんな聞き方がいいのでしょうか。それは、直接法がだめなら間接法があるさ…というのは単純かもしれませんが、まさにその通り。**間接質問法**があるのです。間接質問法ならば上記の問題点はクリアでき、本音を聞き出すことが可能となります。

しかし、間接法でもコンジョイント分析に関しては、ある前提が要ります。

　たとえば、お茶のペットボトルを買うとき、＜サイズが500㎖、緑茶、140円、伊藤園ブランド＞という商品Aと、＜サイズが350㎖、ウーロン茶、125円、サントリーブランド＞という商品Bがあるとすると、あなたはどちらを選びますか？　価格は商品Bが安いけど、サイズが小さいし、どちらのお茶の種類が好きか、ブランド評価はどうかなどで全く変わってきますね。

　このように「どちらがいいか」とそれぞれの属性（サイズとか価格とかのこと、たまに特性と呼ばれることがあります）の得失を評価しながら、つまりトレードオフに悩みながら決めるというのが、このコンジョイント分析に必要な前提なのです。この前提がある限り、選んだ結果を調べて、価格をどれくらいに評価したか、ブランドをどの程度評価したかなどと推定することができるのです。もしこのトレードオフがなくて、たとえば「このブランドであれば一切駄目」とか「ウーロン茶は飲まない」とかでトレードオフの片方をばっさり切り捨てると、この方法で価格などの他の属性の評価を推定することはできなくなります。

　では、この間接質問法の代表格であるコンジョイント分析の詳しい説明に入っていきましょう。

◆コンジョイント分析の方法

　このコンジョイント分析は、実際に存在する製品などをいくつか並べて回答者に買いたい順に並べ替えてもらう…という方法ではありません。違うのです。実在しないというか、仮想のイメージで調査候補の製品（これを製品コンセプトといいます）をつくりだし、それを回答者に買いたい順に並べ替えてもらったり、一対ずつ提示して、どちらの方が買いたいかを答えてもらったりします（一対ずつの提示法は、現在ではコンピュータ・インタビューが多いですね）。

ここでは、回答者に買いたい順に並べ替えてもらう単純な方法で説明します。

　まず、この製品コンセプトである仮想イメージの候補は、調べたい属性からつくられます。たとえば、今、自動車の＜ボディの色、価格、スタイル、排気量、内装のランク＞という諸属性を消費者がどの程度評価しているかが知りたいとします。それぞれの属性もその中身が何であるかが重要ですから、たとえば、ボディの色が白、赤、青の3色を調べたいとします。この属性の中身を属性水準と呼んでいます。他の属性の調べたい中身も見てみましょう※。

属性	属性水準		
色	白	赤	青
価格	200万円	250万円	280万円
スタイル	セダン	ワゴン	
排気量	2,500cc	2,800cc	3,000cc
内装	革張り	布張り	

　これらが、消費者がどう評価しているかを調べたい内容(属性、属性水準の評価)であるとします。

　これらの属性水準をすべて組み合わせて製品コンセプトをつくってみると、属性水準の数を掛け合わせれば組み合わせの数が出ます。ここでは上の属性水準の数を掛け合わすと3×3×2×3×2で108の組み合わせができることになります。本当は、この108の組み合わせを紙のカードかなんかに書いて、買いたい順に並べ替えて…と依頼すればいいのですが、とてもではありませんが、こんなにたくさんのカードを買いたい順に並べ替

※コンジョイント分析の対象は、具体的な属性水準があるものの方が正確な分析ができます。あまりに感覚的な情報だと分析は難しいのです。たとえば「とても美しい・美しい・美しくない・ひどく美しくない」という感覚的な評価では回答者は判断しにくいのです。

えることは、誰もしたくないはずです。そのためにある統計的な前提をおいて、少数の組み合わせで済む方法を利用して、並べ替えるための製品コンセプトをつくり出すのです※。

　たとえば、＜白のボディカラーで250万円、セダンタイプで3000cc、内装は革張りである自動車…＞という製品コンセプトから、何となく本物の自動車がイメージできますね。

　ここで大事なのは、<u>現実的な属性と属性水準を事前に導き出すこと</u>です。これらがよくないと結果が無意味なものとなりますので、前もって専門家の知識を借りて、しっかりした製品コンセプトを出しておき、それで少数の身近な回答者で事前調査を行うことがお薦めです。

　その上で、この結果で効いてない属性水準あるいは属性を外してしまい、有効なものだけを本格的な調査で調べるのがいいでしょう。シンプルなコンジョイント分析ではあまり多くの属性・属性水準を同時に扱えないので、この事前検討は重要となってくるのです 。

　データをとる段階では、少数の仮想製品コンセプトをカード化するなどして、買いたい順に次の図44-1の絵のように被験者に並べ替えてもらいます。この結果をコンジョイント分析にかけて、回答者ごとにその属性や属性水準重視度を推定していくのです。

※　現在では、PCあるいはノートPCで実行するコンジョイント分析ソフトウェアもあり、数多くの属性評価で不要な属性を排除し、重要な属性を発見し、属性水準の組み合わせを決定するものも存在しています。このソフトウェアを利用すれば、個人ごとにこの属性組み合わせをつくり出し、分析を行うことができます。コンジョイント分析の手法、ソフトウェアはどんどん進化しつつあります。

図44-1　製品コンセプト・カードの並べ替え

並べ替える製品コンセプトのカードは、だいたい8枚から16枚であることが多く、18枚、27枚のときもあります。

16枚以上のときは、少しばかり並べ替えが大変なので、はじめに3つのグループ、つまり＜買いたい、やや買いたい、あまり買いたくない＞といった3つに分類して、その後で、各グループ内で順にまた並べ替えるという方法が有効でしょう。この際グループ間での移動も認めておいた方が良さそうです。

◆コンジョイント分析の結果の見方

上記の回答者が並べ替えた順序をデータとして、コンジョイント分析のソフトウェアにかけ、各回答者や回答者全体の製品諸属性の重視度と属性水準の重要度を求めることになります。

コンジョイント分析のソフトウェアはいろいろあり、やや使い勝手がよくありませんがSPSS社のソフトウェアなどが一般的でしょう。もっとずっと専門的なソフトウェアとなると、構造計画研究所などが扱っているACAやCBCというものがあります。

アウトプットの数値をまとめ直したイメージ(データは仮です)を図44-2に載

せておきます[1]。

この結果を見ると、ボディカラーの色については、部分効用値のところを見て、赤が最も右の点数の高いところまで達しており、好まれていることがわかります。反対に、白は左の低い効用値のところに位置しており、効用が低いこと、すなわち好まれていないことがわかります。一方、価格を見ると250万円を超えると急に消費者の効用値が低いところへ伸びていき、急激に評価が低下することがわかります。250万円を超える価格の評価がかなり低いですね。

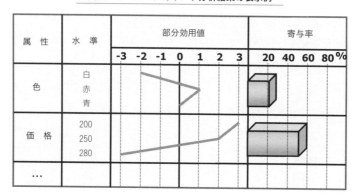

図44－2　コンジョイント分析結果の表示例

次に部分効用値の右隣の寄与率(%)を見てください[2]。これは色とか価格とかのその他の属性についての相対的重要度を示したものです。色の寄与率よりも価格の寄与率がずっと高いことから、価格が非常に重視されていることがわかります。

◆価格をいくらにすればマーケットシェアがどのくらいになるかがわかる！

このようなコンジョイント分析は、グループ単位(セグメント単位)でも実行

※1　図の表示方法は他にもあり、一番部分効用値が低い属性水準を０にセットする方法もあります。この図44-2では部分効用値の合計がゼロに設定されています。

※2　この寄付率は、部分効用値の幅を反映したものです。

可能なのですが、本来は一人一人について好みを属性・属性水準ごとにわかるものなのです。ですから、この図44-2の部分効用値を見て、色が赤なら1.0ポイント、価格が200万円ならば3.0ポイントをという具合に各属性水準の効用値を加えていけば、ある製品コンセプトの総合効用値、つまりその製品コンセプトがどのくらい好まれるかを個人ごとに計算できるということになるのです。

　したがって、たとえば100人いて、一人一人についてコンジョイント分析がなされているならば、属性水準が推定されているわけですから、いろいろな新製品コンセプトを仮想的につくってみれば、一人一人の各製品コンセプトについてどのくらい好まれるかの評価が計算でき、各製品コンセプトの好みの順位が個人ごとに明らかになります。

　これにより100人の各個人が、それぞれの好み1位の製品コンセプトの製品を買うと仮定すると、対象とした製品コンセプト内においての製品ごとのマーケットシェアを推定することが可能となります。だから「価格をいくらにすればマーケットシェアがどのくらいになる」というシミュレーションを実施して、価格決定ができるということになるのです。

　いかがでしょうか。ちょっとややこしかったでしょうか。

　このコンジョイント分析は現在、非常にポピュラーな価格決定のツールとなっています。機会があればぜひ一度お試しいただきたいものです。ただし、1つ注意しておかねばならないことがあります。先ほどマーケットシェアがコンジョイント分析結果からわかると述べましたが、このシミュレーション段階では広告、プロモーション、流通チャネルの影響が入っていないため、実際にこれらが入ってきたときと結果が違う可能性があります。マインドシェアといって、そのような影響がなかったとした、つまり純粋に製品のみのマーケットシェアの推定になるということを理解しておいてください。

45 具体的な価格決定方法❷ PSM 法

どこまでその価格にガマンできるか聞いてみる

今度の章もアンケートに基づく方法です。直接に価格を聞いていますが、ちょうどいい価格を聞いているわけではないので、直接法と間接法の中間くらいの位置づけになります。この方法は、PSM（Price Sensitivity Measurementあるいは Price Sensitivity Meter）調査という「**消費者がどれくらいの範囲で価格を受け入れるかを知る方法**」です。この調査は、この頃大変メジャーな方法になってきています。多くの調査会社が実践・サービス提供を行っていますが、時には不適切な方法で実践しているところも見受けられます。

このPSMの方法は、意外と簡単にでき、新製品など過去に売上のデータがない場合に、だいたいどのくらいの範囲に販売価格を設定したらいいのかを考える参考として利用するものです。「参考」と言ったのは、受容価格を幅で予測するので、一点に価格が定まらないからです。しかしながら、いくらに設定したらいいかまったく見当がつかない場合には、大い

に参考になるというものです。

　問題点としては、まったく予想がつかない製品の場合には、どうも低い価格が予測値として出てくる傾向がある点です。たとえば昔、セグウェイが出てきたとき、誰もがよくわからないので、価格設定は難しかったようです。このような製品については第47章で考えることにしましょう。

　実際に企業がPSM法を適用した最初の例は、ダウ・ケミカル日本のジッパー付き食品保存バッグの価格調査と思われますが、今では枚挙にいとまがなく、トイレタリー業界(シャンプーなど)、化粧品業界、ウィスキー業界、自動車業界、食品業界でも頻繁に用いられているようです。

◆ PSM の方法

　ではPSMとはどういったものなのでしょうか。通常は、4つの質問が消費者に対してなされます。その際、一連の商品価格が非常に低い値から高い値まで提示され、面接もしくは質問票で消費者に答えてもらいます。最近では、WEBアンケートが通常のスタイルになってきました。4つの質問とは次のようになります。

(質問1)どの価格であなたは、その製品があまりにも安いので品質に不安を感じはじめますか。

(質問2)どの価格であなたは、品質に不安はないが、安いと感じはじめますか。

(質問3)どの価格であなたは、その品質ゆえ、買う価値はあるが、高いと感じはじめますか。

(質問4)どの価格であなたは、その製品があまりにも高いので品質がいいにもかかわらず、買う価値がないと感じはじめますか。

　基本的には、これらの質問の回答結果を「どの価格で何％の回答者が

そう思うか」の累積割合として図示していきます。安い方から累積するのと高い方から累積するのと質問によって分けて実施するというコツがあります。

　わかりにくいですが、まず図45-1を見てください。

　累積割合が右へ上がっていく質問3と4が低い価格での回答率を徐々に足し上げていき、右下へ下がっていく質問1と2が、逆に高い価格の方から回答率を足し上げていっているのです。この図で、PMC（Point of Marginal Cheapness）は、「安すぎる」と思う人と「高いと感じ始める」人が同数の点となり、**安さの限界点**とされます。またPME（Point of Marginal Expensiveness）は、「高すぎる」と思う人と「安いと感じ始める」人が同数の点となり、**高さの限界点**とされます。このPMCとPMEで挟まれる範囲が受容価格範囲と見なされるわけです・・・といいたいところですが、これではまだ駄目なのです。なぜこれらの交点か説明ができませんから。

図45-1　受容価格範囲を推定する価格感度測定法

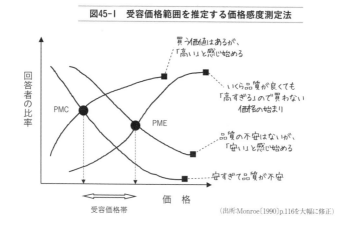

（出所:Monroe〔1990〕p.116を大幅に修正）

　実際に筆者が昔実施した飲料の例で示しましょう。図45-2を見てください。この図を見るとPMCとPMEがずいぶん下の方で交差しています。交点の回答者の比率を見てもとても小さい値です。またこの飲料としては範囲が狭いかもしれません。

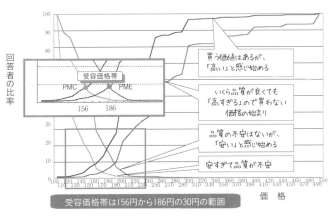

図45-2　飲料の分析結果（全体のＰＳＭ）

受容価格帯

PMC　　　　PME

156　　　186

買う価値はあるが、「高い」と感じ始める

いくら品質が良くても「高すぎる」ので買わない価格の始まり

品質の不安はないが、「安い」と感じ始める

安すぎて品質が不安

価　格

受容価格帯は156円から186円の30円の範囲

（出所:http://www.ndic.jp/research/）

実は図45-1からまたひとひねりする必要があるのです。

　実際に考えてみても、受容範囲を決める交点は「高いけど高すぎない」と「安いけど（不安を感じるまで）安すぎない」がリーズナブルですよね。これを実現する必要がありますが、それほど難しいことではありません。ゼミの学生が研究でやったことがあります。以下この方法を解説します。

　次ページの図45-3を見てください。この図の下の方の矢印のところで、タテ線が引いてあります。この線と「高すぎる」との交点までが「高すぎる」と思う人の割合となります。すると、これから上の部分は「高すぎない」と思う人の割合となります。図に書いてある通りですね。次に図45-4を見てください。これは「高すぎない」と思う人の割合をタテ線で示したものです。今度はこのタテ線部分「高すぎない」と思う人の割合を下の水平軸まで下ろしていきます。それが図45-5となります。

　そしてこの降ろした「高すぎない」累積割合の先端を結んでいきます。するとこの図の点線部分が「高すぎない」累積割合となります。高い価格の方から累積していくイメージですよね。この点線と「高い」と感じる交点が「**高いけど高すぎない**」点となるのです。わかりますよね。

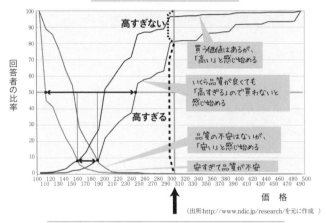

図45-3　PMSの実行プロセス1

（出所:http://www.ndic.jp/research/を元に作成 ）

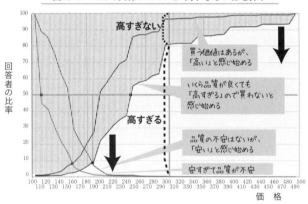

図45-4　PMSの実行プロセス2：高すぎない線を探す

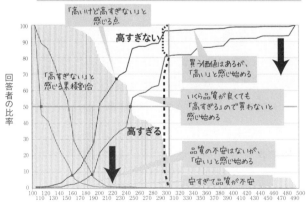

図45-5　PMSの実行プロセス3：高すぎない線の先端を結ぶ

同様にして「安いけど安すぎない」点を求めます。今度は「安すぎて品質が不安だと感じ始める」累積の線を使います。そして安い価格から足し上げていく「安すぎない」累積割合の線を求めて、「安い」と感じ始める累積線との交点、「安いけど安すぎない」点を求めるのです。

結果的に図45-6に描かれた「高いけど高すぎない」点と「安いけど安すぎない」点を結んだ範囲②が消費者の受容する価格範囲を考えればいいでしょう。さらに細かいことをいうと、この範囲内の線の傾きなどで工夫を凝らし、価格範囲を狭めていくことも可能で、実務ではよく使われます。

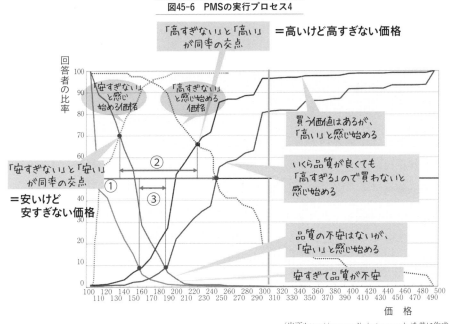

図45-6　PMSの実行プロセス4

（出所:http://www.ndic.jp/research/を基に作成　）

46 セグメンテーションを 組み合わせた PSM の活用法

　現実的に企業でPSMを実施する場合、セグメンテーションを実施して、そのセグメントごとに価格の受容範囲を探り、全体の価格を決定することは普通です。第4章で掲載した価格関与でのセグメンテーションの図を図46-1に再掲しておきます。

　この図で4つのセグメントに価格関与で分けられます。覚えているでしょうか。最も高価格を受容できる品質フォーカス層と、次いでバリューフォーカス層、そして価格に敏感な価格フォーカス層に分かれました。第3象限のブランド未確立層は数も少なさそうなのでここでは除外しておきます。

　このセグメンテーションを実施するときに、同時にPSMの質問をしておくとセグメント別に価格の受容範囲を調べることができます。図46-2を見てください。

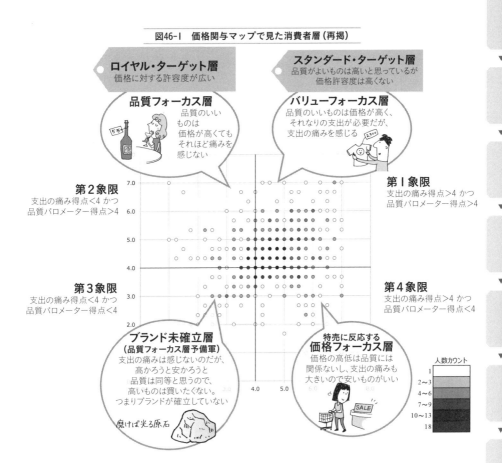

図46-1 価格関与マップで見た消費者層（再掲）

許容価格帯

	受容価格帯	「丁度よい価格」の最頻値
セグメント I	50〜130円	50円で25.0%
セグメント II	80〜200円	100円で37.5%だが、120円、150円も20.0%である
セグメント III	60〜150円	100円で40.0% 他では割合が低い

非ターゲット；
価格フォーカス層

メインターゲット；
品質フォーカス層

セカンドターゲット；
バリューフォーカス層

291

この対象商品を一応パンとしておきましょう。そして「丁度よい価格」もついでながら聞いています。第45章の後半の工夫を行ったPSMをセグメントごとに実施すると、受容価格帯がセグメントごとに求められます。この図を見ると非ターゲットである価格フォーカス層のセグメントⅠでは受容価格帯が50 〜 130円であり、丁度よい価格の最頻値は50円でした。メインターゲットの品質フォーカス層のセグメントⅡでは受容価格帯が80 〜 200円であり、丁度よい価格の最頻値は100円でしたが、120円、150円も多かったようです。セカンドターゲットであるバリューフォーカス層のセグメントⅢでは受容価格帯が60 〜 150円であり、丁度よい価格の最頻値は100円でした。

　このことから実際にターゲットとなりそうな、メインターゲットおよびセカンドターゲットであるセグメントⅡ・Ⅲの受容価格を中心に価格決定をすることになります。セグメントⅡ・Ⅲの両方を取り込むことになるため、受容価格は上限が150円となり、ここまで価格を上に引っ張り上げることができます。後はこの150円を受容してもらうだけの品質や差別化要素を実際に確保することになります。

　このように「先に価格を決めて、それに合った品質にしていく」という方法もありえるのです。PSMについての解説はこれくらいでいいでしょう。さて問題は次です。

47 具体的な価格決定方法❸　調査ができないときに気合いで決める方法

　第44〜46章で2つの重要な価格リサーチ手法について述べてきましたが、これ以外にもいくつか手法はあります。

　たとえば、あまりよい評価はしなかったのですが、直接質問法、時系列データを用いて統計処理を行う方法(回帰分析やニューラルネットワークなど)、実験を用いる方法などがあります。これらについては、本書では割愛致します。関心のある方は、上田隆穂(1999)『マーケティング価格戦略』(有斐閣)を参考にしてください※。

　さてこの章では、具体的な価格決定方法の最後として、**何も事前情報がない場合にどうしたらいいのか**という、いわば緊急避難的な方法についてお話ししておきましょう。これは専門家の勘を集めた方法の一種といえるでしょう。

※ この書籍は現在絶版であり、申し訳ありませんが、図書館か古本で探してください。但し、ニューラルネットワークについては、この書籍には書かれてはいません。専門書をお読みいただければと思います。

●サドバリー・コーポレーション（Sudbury Corporation）の事例 ※

この決定方法は、企業に時間的または費用の制約があり、調査ができないようなケースで行うものです。実際、調査をする場合でも、比較のためにやってみるというのもまたいいでしょう。アメリカでの事例を取り上げて説明していくことにします。

この企業は、顧客企業の生産・包装オペレーションにおける接着剤塗布装置を生産している企業です。生産財メーカーですね。マーケットシェアが約40%を占めるリーディングカンパニーであるのですが、近年かなりの競争力を失ってしまい、ライバル企業に対してより高めの価格を設定できた往年の力がなくなっていました。そこで何とかしないと大変だということで新製品シリーズを開発・導入する戦略をたて、強さを取り戻し、収益性の改善を図ろうと決めたのでした。

この企業は、**現製品よりもはるかに大きな価値を顧客に感じてもらえる新製品開発**をしようと考えていました。そのため、新製品市場導入のとき、現在の製品に対してどのくらいプレミアム分を現在の価格に乗せられるかに関心がありましたが、時間制約があり、マーケットリサーチをする余裕はなかったようです。そこで、研究開発スタッフの代表者、製品マネージャー、セールスマネージャーを集めて議論を行いました。まず研究開発担当者は、既存製品に比べた期待の新製品の5つの大きな利点を表47-1のように述べました。

しかしながら、これからひょっとしたら買ってくれるかと見込まれる潜在的購買企業がどの程度便益を感じてくれるかの判断が彼らには困難だったので、**一律に0.2のウェート（重み付け）を与える**ことにしました。このウェートを改善率に掛けることによって、便益の純増分（%）を計算しました。表47-1の(4)のところのウェート加重率というのが、便益の純増分にあたります。

※　Monroe（1990），p.99-101

　この合計価値純増分は表の下にあるように14％と計算されました。この結果、「既存製品より14％ほどのプレミアムを価格に乗せることが可能だ」と考えられたわけです。これは非常に単純な方法といえるでしょう。

表47−1　価値分析の初期枠組み

(1) 便益の純増分	(2) 改善率%	(3) 便益ウェート	(4) ウェート加重率 (2)×(3) %
材料の節約	35	0.2	7.0
時間当たりの生産量	10	0.2	2.0
適合性	5	0.2	1.0
塗布の質	10	0.2	2.0
維持費の節約	10	0.2	2.0
		1.0	14.0

出典：Monroe(1990), p.100.

　ところが、問題は簡単に解決しませんでした。ここで、14％程度のプレミアム価格上乗せ分では、計画期間での開発費回収ができないということがわかったのです。これでは開発が頓挫してしまいますので、さらに集まって議論が重ねられました。討論の結果、「何も全ユーザー企業を相手にするのではなくて、新製品と同種の装置を使用するヘビーユーザーだけがある程度高くても、投資に見合うだろう」と考えられたのです。

　その結果、新たなヘビーユーザー向けの枠組みが表47-2のようにつくられたのでした。

表47-2　ヘビーユーザー向けの価値分析の初期枠組み

(1) 便益の純増分	(2) 改善率%	(3) 便益ウェート	(4) ウェート加重率 (2)×(3) %
材料の節約	50	0.5	25.0
時間当たりの生産量	10	0.1	1.0
適合性	5	0.1	0.5
塗布の質	10	0.2	2.0
維持費の節約	10	0.1	1.0
		1.0	29.5

出典：Monroe(1990), p.101.

新たなヘビーユーザー向けであれば、材料の節約改善率は50％まで上げることができ、しかもこの要素に関する便益ウェートは、このヘビーユーザーにとって他の顧客よりもはるかに大きく、0.5と予測できました。結果的にこれらの改善率とウェートから計算されたプレミアム分は、劇的に増大して全体で29.5％となりました。ただし、その分すべてを旧製品価格に乗せることは、少々怖かったため、少し用心して、価値増大をもくろんで22％増のプレミアム価格で新製品が販売されることに決定されたということです。

◆価格決定方法の評価は？

　この価値分析のケースでは、調査が行われていませんでした。もちろん事前にゆとりがあれば、調査をすべきであり、便益ならびにコストの各要素をグループ・インタビューなどで導き出し、専門家の知識でフィルターをかけるべきです。その上で、予備コンジョイント分析などで対象となる要素を絞り、本格的なコンジョイント分析を実施してそのウェートを推定するのが標準的なパターンです。

　またこのケースで行った方法においても、便益・コストの改善率と価格への転嫁率とを同レベルで見ているようですが、その保証が確実にあるとはいえませんよね。

　しかしながら、調査ができないのであれば仕方がありませんから、これらの問題点を割り引いたとしても実務上では参考になる方法だと思います。何も考えないで勘と度胸だけで値段を決めるよりはずっといいのですから。

■著者略歴
上田　隆穂（うえだ　たかほ）

学習院大学経済学部教授。博士（経営学）。
1953年三重県生まれ。東京大学経済学部
卒業後、（株）東燃を経て一橋大学大学院
に進み、1986年学習院大学へ。主著に『グ
ラフィック・マーケティング』（共著、新
世社 2020）、『生活者視点で変わる小売業
の未来　～希望が買う気を呼び起こす商
圏マネジメントの重要性～』（単著、宣伝
会議 2016）。石川県能登町「地域振興総
合アドバイザー」、岐阜県恵那市「観光協
会顧問」、公益財団法人日本醸造協会評議
員を務める。

本書の内容に関するお問い合わせ
は弊社HPからお願いいたします。

利益を最大化する　価格決定戦略

2021年　3月22日　　初版発行

著　者　上田　隆穂

発行者　石野栄一

明日香出版社

〒112-0005 東京都文京区水道 2-11-5
電話 (03) 5395-7650（代表）
(03) 5395-7654（FAX）
郵便振替 00150-6-183481
https://www.asuka-g.co.jp

■スタッフ■　BP事業部　久松圭祐／藤田知子／藤本さやか／田中裕也／朝倉優梨奈／竹中初音
BS事業部　渡辺久夫／奥本達哉／横尾一樹／関山美保子

印刷　株式会社文昇堂
製本　根本製本株式会社
ISBN 978-4-7569-2136-9 C0034

本書のコピー、スキャン、デジタル化等の
無断複製は著作権法上で禁じられています。
乱丁本・落丁本はお取り替え致します。
©Takaho Ueda 2021 Printed in Japan
編集担当　藤田知子

併せて読もう

不正を未然に防ぎ、攻め所を的確に見抜く〈財務戦略〉の実践本

紺地です

現場で使える　会計知識

川井　隆史　著

本体 1,800 円＋税 ／ ISBN 978-4-7569-2077-5

併せて読もう

企業の本質を見抜く力をつけろ！

緑地です

現場で使える　決算書知識

川井　隆史　著

本体 1,800 円＋税 ／ ISBN978-4-7569-2092-8

併せて読もう

実は簡単にできます

実 は と っ て も 簡 単 !

儲かる
輸入部門
のつくり方・はじめ方

今 の 商 売 だ け で こ の 先 や っ て い け ま す か ?

１人でもできる「安全で、楽しくて、稼げる」新規事業はコレだ。

独立・起業を考え
ている方も必読!

日本輸入ビジネス機構　理事長
大須賀祐

実はとっても簡単！
儲かる輸入部門のつくり方・はじめ方

第１章 今すぐ輸入ビジネスをはじめるべき８つの理由
第２章 価格を制するものが商売を制する
第３章 商品発掘とその価値の伝え方
第４章 さぁ、輸入部門を立ち上げよう
第５章 輸入部門を永続的に続けるには
第６章 輸入部門の実務はカンタン！

大須賀 祐　著
本体 1,700 円＋税 ／ ISBN 978-4-7569-2083-6

併せて読もう

リサーチの手法を余すことなく教えます

売れるしくみをつくる
マーケットリサーチ大全

菅原 大介　著

本体 2,200 円＋税 ／ ISBN978-4-7569-2054-6

併せて読もう

ストーリーと理論とで、しっくり肚に落ちる。

はじめての「マーケティング」1年生

宮崎　哲也　著

本体 1500 円＋税 ／ ISBN ISBN978-4-7569-1648-8